다가올 그날을 준비하는 성도를 위해
데살로니가전후서로 풀이한 종말론

지은이 | 손윤탁
펴낸이 | 원성삼
본문 및 표지디자인 | 안은숙
펴낸곳 | 예영커뮤니케이션
초판 1쇄 발행 | 2019년 11월 18일
등록일 | 1992년 3월 1일 제2–1349호
주소 | 04018 서울시 마포구 동교로 55 2층 (망원동, 남양빌딩)
전화 | (02) 766–8931
팩스 | (02) 766–8934
홈페이지 | www.jeyoung.com
ISBN 979–11–89887–12–4 (03230)

값 11,500원

이 도서의 국립중앙도서관 출판예정도서목록(CIP)은 서지정보유통지원시스템 홈페이지
(http://seoji.nl.go.kr)와 국가자료공동목록시스템(http://www.nl.go.kr/kolisnet)
에서 이용하실 수 있습니다.(CIP제어번호: CIP2019044075)

 모든 인간은 하나님의 형상을 닮은 존귀한 존재입니다. 사람은 인종, 민족, 피
부색, 문화, 언어에 관계없이 모두 다 존귀합니다. 예영커뮤니케이션은 이러한
정신에 근거해 모든 인간이 존귀한 삶을 사는 데 필요한 지식과 문화를 예수 그리스도의
사랑으로 보급함으로써 우리가 속한 사회에 기여하고자 합니다.

다가올 그날을 준비하는 성도를 위해
데살로니가전후서로 풀이한 종말론

손윤탁 지음

예영

그날이 다가오고 있습니다.

그 기다림이 2천 년 동안 계속됩니다.

"다시 오마" 약속하신 주님께서 승천하신 후

성령님을 보내 주심으로 홀로 버려두지 아니하셨고,

처소를 예비하신 후에 가신 그대로 "다시 오마" 하신 주님이시기에

따르는 성도들은 그날을 '기다리는 사람들'이 되었습니다.

언약하신 대로 반드시 이루시는 우리 하나님이심을

성경과 역사를 통하여 확인한 우리들입니다.

분명히 그날은 다가오고 있습니다.

여기저기서 징조가 보입니다.

예수님께서 이미 말씀하신 대로입니다.

자칭 그리스도라고 하며 미혹하는 자들이 나타나고,

난리와 난리의 소문과 민족과 나라들이 대적하고 있습니다.

곳곳에 지진과 기근으로 크고 작은 재난이 끊이지 않고 있습니다.
그나마 다행인 것은 복음이 만국에 전파되고 있다는 것입니다.
그러나 믿는 자들이 당하는 고난이 예사롭지 않습니다.
가족들끼리의 대적과 불화도 만만하지 않습니다.
끝까지 견뎌야만 할 때입니다(막 13:5-13).

이러한 성도들을 바라보시는 하나님의 마음이
데살로니가교회에 보낸 바울의 편지에서 확인됩니다.
바울이 데살로니가에 머문 것은 제2차 전도 여행 때입니다.
그곳에서 3주 동안 회당에서 하나님의 말씀을 강론하였으나
더는 거기서 복음을 전할 수 없는 일이 벌어졌습니다(행 17:1-9).
그래서 한밤중에 그곳을 떠나 베뢰아로 가야만 했는데,
복음으로 고난 당한 이들에 대한 애정이 특심하였던 차
고린도에서 그곳 소식을 가지고 온 디모데를 만나자
간절한 마음을 담은 첫 편지를 보내게 된 것입니다.

바울이 베뢰아와 아덴을 거쳐 고린도에 이르렀으나
여전히 고난을 받는 데살로니가 지역 교회의 성도들을 격려하고
또 교인들 대다수가 우상을 섬기다가 돌아온 이방인들이기에(살전 1:9),
이들에게 종말에 대한 교훈과 위로의 필요성을 느낀 사도 바울은
임박한 주의 재림에 대한 이야기를 하지 않을 수 없었습니다.

데살로니가전서와 후서는 약간의 시간 차이가 있습니다.

첫 편지를 받은 성도들의 재림에 대한 오해로 두 번째 편지를 씁니다.

그래서 데살로니가전후서는 모두 재림에 대한 교훈이 됩니다.

결국 주의 재림을 기다리는 그리스도인으로서

이 시대를 사는 오늘날의 모든 그리스도인에게

데살로니가전후서는 매우 귀중한 필독서임이 분명합니다.

종말에 대한 참고서적도 많이 있지만

성경보다 더 좋은 교과서는 없습니다.

그중에서도 데살로니가전후서의 주제가 '주의 재림'인 만큼

모든 성도가 '굳건한 믿음'과 '성결된 삶'을 강조하는

데살로니가전후서를 읽음으로써

그날을 준비하는 데 부족함이 없었으면 하는 간절한 바람입니다.

가을은 봄과 여름의 결실을 수확하는 계절이기도 하지만

겨울을 준비하는 때이기도 합니다.

그날을 바라보며 모든 성도가 성경과 더욱 친숙해지기를 소원합니다.

2019년 늦가을에
손 윤 탁

제1부

데살로니가전서

제2부

데살로니가후서

너희를 부르시는 이는 미쁘시니 그가 또한 이루시리라(살전 5:24)

데살로니가전서

1. 두고 온 성도들에 대한 애정

━━━━━━━━━━━━━ □■□ ━━━━━━━━━━━━━

- 읽을 성경: 데살로니가전서 1:1-5
- 외울 말씀: 이는 우리 복음이 너희에게 말로만 이른 것이 아
  니라 또한 능력과 성령과 큰 확신으로 된 것임이라 우리가
  너희 가운데서 너희를 위하여 어떤 사람이 된 것은 너희가
  아는 바와 같으니라(살전 1:5)
- 부를 찬송: 95장(통 82장) "나의 기쁨 나의 소망 되시며"

━━━━━━━━━━━━━ □■□ ━━━━━━━━━━━━━

본문 내용 읽기

1. 누가 누구에게 보낸 편지입니까?(1절)
2. 바울이 데살로니가교회 성도들로 말미암아 하나님께 감사하며
   기도할 때에 끊임없이 기억하게 되는 중요한 내용은 무엇입니

까?(3절)

3. 데살로니가교회 성도들의 변화와 성장은 말로만 된 복음이 아니라 복음의 무엇으로 이렇게 된 것이라고 바울은 이야기합니까?(5절)

말씀 이해를 위하여

바울의 전도에 대한 유대인들의 방해가 대단했습니다. 데살로니가에 이른 바울 일행이 세 안식일 동안 회당에서 성경을 강론하므로 경건한 헬라인의 큰 무리와 적지 않는 귀부인들이 바울과 실라를 따랐습니다(행 17:1-4).

그러나 이를 시기한 유대인들이 저잣거리의 불량한 사람들을 데리고 떼를 지어 소동을 일으킬 뿐만 아니라 '야손의 집'에 침입하여 소동을 일으키는 바람에(행 17:5-9) 바울은 더는 이곳에 머물 수 없었습니다. 그래서 부득이 밤을 이용하여 데살로니가를 탈출하여 '베뢰아'로 떠납니다.

바울이 처음으로 기록한 데살로니가전서에는 이렇게 떠나온 데살로니가교회의 성도들에 대한 애정이 잘 나타나 있습니다. 물론 복음으로 인한 고난이지만 바울은 자신으로 인하여 고통을 겪게 된 데살로니가교회의 성도들을 생각할 때마다 마음이 아팠습니다. 그래서 아테네를 지나면서 디모데를 데살로니가로 보냅니다.

그런데 바울이 고린도에 이르렀을 때에 데살로니가로 보냈던 디모데와 실라가 기쁜 소식을 가지고 돌아옵니다. 사도행전 18장 5절에 보면 이들이 돌아왔다는 기사가 나옵니다.

실라와 디모데가 마게도냐로부터 내려오매(행 18:5 상반절)

바울과 실루아노와 디모데는

바울은 지금 아가야의 수도인 고린도에 와 있습니다. 아덴에서 데살로니가가 걱정이 되어 파송했던 실라와 디모데가 돌아왔습니다. 그래서 편지의 서두에 세 사람의 이름이 등장합니다. 사도행전에는 '실라'라고 했고, 본문에는 '실루아노'로 기록되어 있습니다. 혹 어떤 이들은 다른 사람이라고 하지만 전통적으로는 동일한 인물로 봅니다. 바울의 2차 전도 여행에 바나바를 대신한 바울의 협력자로(행 15:40) 사도행전을 기록한 누가는 히브리식 발음인 '실라'로 표기하였고, 본문은 로마식으로 '실루아노'라고 불렀습니다.

이름의 순서에 대하여 이야기하는 이들도 있습니다. 실라가 디모데보다 연장자이기도 하지만 바울과 합류한 순서도 실라가 먼저입니다(사도행전 15장과 16장 참조).

또 본문은 이 편지의 수신자는 데살로니가교회의 성도들임을 밝히고 있습니다. 바울의 특유한 신학적 표현으로 '엔 크리스토스(εν Χρίστος)'라는 것이 있습니다.

하나님 아버지와 주 예수 그리스도 안에 있는 데살로니가인의
교회에 편지하노니(살전 1:1 중반절)

유대인이 아닌 이방인들에게 하나님은 혈통적인 이스라엘만의 아버지가 아니라 모든 믿는 자의 아버지가 되심을 강조하기 위한 표현이기도 하지만 동일한 신성을 지니신 예수 그리스도이심을 강조하기 위하여 바울은 예수님에 대한 전형적인 호칭인 "주 예수 그리스도"라는 풀네임(full name)을 사용합니다.

'예수'는 "여호와는 구원이시다."라는 히브리어 '여호수아'에서 유래된 (마 1:21) 이름이지만, '그리스도'는 히브리어로 '메시아' 곧 "기름 부음을 받은 자"로 헬라식 표현입니다.

왕으로, 제사장으로, 선지자로 오신 예수님에 대한 고백 속에는 우리들 자신의 무질서(혼란)함과 죄 그리고 무지함을 동시에 인정하는 뜻이 함께 포함되어 있습니다. 그러므로 모든 인간들은 '엔 크리스토스', 즉 우리 주 예수 그리스도 안에 있을 때 이 모든 문제가 해결된다는 사실을 기억해야 합니다.

데살로니가는 마게도냐의 항구도시이며, 알렉산더왕의 누이의 이름을 따서 붙여진 이름입니다. 알렉산더의 누이인 데살로니가의 남편이 카산드로스 장군인데 이곳이 너무 아름다워서 자기 아내의 이름을 붙였다고 합니다.

북쪽 마게도냐 지방의 중심 도시가 데살로니가라고 한다면, 지금 바울이 이 편지를 쓰는 아가야 지방의 중심 도시는 고린도입니다.

짧은 1장의 첫 인사말이지만 '교회'라는 단어나 '은혜와 평강'이라는 축복이 중요한 것은 데살로니가전서가 바울의 첫 편지이기 때문입니다.

우리 주 예수 그리스도에 대한 소망의 인내

안타까운 마음과 데살로니가교회 성도들에 대한 애정이 가득한 바울에게 실라와 디모데가 가지고 온 소식은 말 그대로 '기쁜 소식'이었습니다. 감사하지 않을 수 없었습니다. 너무 기뻐서 바울은 편지를 썼습니다.

> 우리가 너희 모두로 말미암아 항상 하나님께 감사하며 기도할 때에 너희를 기억함은 너희의 믿음의 역사와 사랑의 수고와 우리 주 예수 그리스도에 대한 소망의 인내를 우리 하나님 아버지 앞에서 끊임없이 기억함이니(살전 1:2-3)

바울의 감사 대상은 하나님입니다. 물론 데살로니가교회의 성도들로 인한 것입니다만, '항상' 기뻐하고 감사하는 바울이지만 실제로 감사할 일들만 가득 차 있었기 때문은 아니었습니다. 데살로니가교회가 아름다운 소문으로 가득한 것은 사실이지만 적지 않은 문제도 있었습니다. 도덕적인 교훈과 권면(살전 5:1 참조), 재림에 대한 오해와 종말에 대한 교훈(살전 5:3-11) 등으로 미루어 보아 바울이 편지를 쓴 목적이 단순히 칭찬만을 위한 것이 아니라는 것을 알 수 있습니다.

더구나 바울은 '무엇 때문에(Because of)' 드리는 감사가 아닙니다. '그럼에도 불구하고(in spite of)' 감사하는 바울의 모습은 그의 모든 서신에서 찾아볼 수 있습니다.

게다가 "우리 주 예수 그리스도에 대한 소망의 인내"라는 말씀은 데살로니가전서 전체의 주제와 관계가 있습니다. 데살로니가교회 성도들에게 꼭 부탁하고자 하는 "재림과 성결"을 논하기 전에 먼저 칭찬하고, 격려하며, 권면하는 순서를 바로 이 편지에서 확인할 수 있기 때문입니다.

형제들아 너희를 택하심을 (내가) 아노라

바울은 데살로니가교회 성도들에게는 어떤 사람입니까? 바울은 이미 "너희가 아는 바와 같으니라(살전 1:5 하반절)."고 선언합니다. 이 모든 일이 복음의 능력이요, 성령과 큰 확신으로 된 일이지만 사람이 해야 할 역할도 있습니다. 그래서 바울은 자신들과 데살로니가교회의 성도들과의 관계를 이와 같이 설명한 것입니다.

상담학자들은 상담의 단계를 "격려상담 – 권면상담 – 교화상담"이라는 과정으로 설명합니다.

"서로 돌아보아 사랑과 선행을 격려하며(히 10:24)" ① 칭찬함으로 "그날이 가까움을 볼수록 더욱 그리하자(히 10:25)."라는 것이 그 첫 과정입니다.

늘 칭찬만 할 수는 없습니다. 그래서 ② 권면이 필요합니다.

그리스도의 말씀이 너희 속에 풍성히 거하여 모든 지혜로 피차
가르치며 권면하고(골 3:16)

'권면'이라는 말은 '훈계하다, 가르치다, 깊은 사랑과 관심으로 돕는다.'라는 의미를 가집니다(정길자, 『명목상의 그리스도인과 제자훈련』, 도서출판 가나, p.113.).

또한 온전한 그리스도인, 장성한 믿음의 사람들을 만들기 위해서는 ③ '교화'의 과정이 필요합니다. 인격적인 변화를 위한 '성화의 과정'이 요구된다는 것입니다. 그래서 바울은 지금 데살로니가교회와 성도들에 대하여 '어머니의 마음'으로 이 편지를 쓰고 있다는 사실을 확인할 수 있습니다.

그 일련의 과정을 보면, 데살로니가후서에 "일하기 싫어하거든 먹지도 말게 하라(살후 3:10 하반절)."는 말씀에 이르기까지의 그 교화의 단계가 얼마나 구체적인지를 알 수 있습니다.

"너희를 택하심을 아노라(살전 1:4)."는 말씀 안에는 앞절, 곧 "너희의 믿음의 역사와 사랑의 수고와 우리 주 예수 그리스도에 대한 소망의 인내를(살전 1:3)" 내가 기억하고 있는 사실은 은연중 이러한 내용을 확인하게 합니다. 동시에 이와 같은 사실을 5절 말씀을 통하여 자신들의 역할을 거듭 강조하면서 주지시킵니다.

이는 우리 복음이 너희에게 말로만 이른 것이 아니라 또한 능력과 성령과 큰 확신으로 된 것임이라 우리가 너희 가운데서 너희를 위하여 어떤 사람이 된 것은 너희가 아는 바와 같으니라(살전 1:5)

그래서 이어지는 6절과 7절을 통하여 데살로니가교회 성도들의 믿음의 소문이 마게도냐와 아가야에만 국한되지 아니하고 온 세상 각처에 퍼졌다는 사실을 칭찬합니다. 선교는 복음이 어느 한 지역에 머물지 아니하고 온 세상을 향하여 퍼져 나가는 것입니다.

{ 선교를 위한 기도와 실천 과제 }

· · ·

1. 바울의 데살로니가에 대한 애정의 근거를 사도행전 17장 1-7절을 통하여 확인해 봅시다.

2. 바울이 전한 복음은 거저 말로만 전해진 복음이 아니었다는 사실을 강조합니다. 실제적인 능력이었습니다. 데살로니가교회가 바로 그 실제적인 증거입니다. 그 구체적인 내용은 다음 절로 이어지지만 이 일은 성령님의 역사와 그리스도 안에서의 큰 확신으로 된 것임을 강조합니다. 지금도 복음의 역사는 여전합니다. 주변에 변화된 성도들이나 교회의 변화나 성장한 모습에 대한 간증들을 찾아 서로 이야기해 봅시다.

3. "하나님의 일은 하나님께서 하십니다." 그러나 그 과정을 보면 언제나 그의 사람들을 통하여 선교하시는 것을 보게 됩니다. 바울이 데살로니가교회를 칭찬하고 격려하고 '두고 온 성도들에 애정'으로 이들을 권면하되, 더욱 성숙한 그리스도인들로 양육하기를 원하는 선교사의 심정을 읽을 수 있습니다. 바울이 이들에게 교훈하려고 하는 궁극적인 목표는 무엇입니까? 본문 이해를 위한 핵심 주제입니다.

2. 모든 믿는 자의 본이 되자

□■□

- 읽을 성경: 데살로니가전서 1:6-10
- 외울 말씀: 또 너희는 많은 환난 가운데서 성령의 기쁨으로 말씀을 받아 우리와 주를 본받은 자가 되었으니(살전 1:6)
- 부를 찬송: 212장(통 347장) "겸손히 주를 섬길 때"

□■□

본문 내용 읽기

1. 데살로니가교회의 좋은 소문이 모든 믿는 자들에게 본이 되었습니다. 그들이 처한 상황과 말씀에 대한 자세가 어떠하였는지 확인해 봅시다.(6절)

2. 바울은 지금 아가야에 와 있습니다. 복음 전파와 하나님을 향한 믿음의 소문이 어디까지 들렸다고 이야기하고 있습니까? 그 지

방의 경로를 확인해 봅시다.(8절)

3. 복음을 증거하는 내용 중에는 장차 있게 될 주의 강림과 장차 있게 될 진노에서 우리를 건지시는 예수님에 대한 내용이 필수적입니다. 본문에서 이 일을 강조하는 이유를 고난받는 성도들의 삶과 관련하여 생각해 봅시다.

말씀 이해를 위하여

바울의 꿈은 비두니아로 가는 것이었습니다. 그러나 성령께서 그 길을 막으셨습니다(행 16:7). 그래서 드로아로 내려갔는데 밤에 환상이 나타났습니다. 한 사람이 "마게도냐로 건너와서 우리를 도우라."는 것이었습니다(행 16:9). 그러나 그 길이 평탄하지가 않았습니다. 마게도냐의 첫 성인 빌립보에서부터 고난이 시작되었습니다.

회당이 없는 빌립보에서는 부득이 강가에서 복음을 전하다가 자주장수 루디아를 만나는 특별한 기회를 얻었으나(행 16:11-15), 귀신들린 여인을 고치는 바람에 감옥에 투옥되는 수난을 겪었습니다(행 16:16 이하).

그런데 데살로니가에서는 본인이 아닌 성도들이 고통을 겪습니다. 그래서 복음을 받아들이게 된 데살로니가교회 성도들에게 누를 끼치지 않기 위하여 베뢰아를 거쳐 아덴으로 그리고 아가야 지방의 고린도까지 옮겨 왔습니다. 성령님께서 막기도 하시고, 부르기도 하시며 인도하신 길이지만 결코 순탄한 과정이 아니었습니다.

이 편지를 받게 된 데살로니가교회의 성도들도 마찬가지입니다. 옳은 길이라고 할지라도 그 길이 평탄하거나 수월한 것이 아니었습니다. 그래서 바울에게는 그들이 사랑스럽기도 하지만 애처로웠습니다. 더구나 이들이 고난을 이기고 믿음을 지키고 있다는 소식을 들었을 때의 기쁨은 말로 이루 표현할 수가 없었을 것입니다.

그러나 여기에서 끝나는 것이 아님을 교훈할 필요가 있었습니다. 종말을 기다리는 성도들에게는 더 큰 어려움과 환난이 기다리고 있기 때문입니다.

바울이 데살로니가교회 성도들에게 이 편지를 쓰게 된 것은 실루아노와 디모데로부터 좋은 소식을 들었으므로 칭찬을 하기 위한 것만이 아닙니다.

바울의 서신 중에서 주의 재림과 그때까지 살아남은 자들 그리고 재림 이전에 죽은 자들의 상황에 대하여 가장 구체적으로 설명하고 있는 편지가 데살로니가전서입니다.

이 본문(살전 1:6-10)은 바로 앞 5절과 연결하여 읽어야 합니다. 복음이 단순히 말로만 전달되어지는 것이 아니라 능력과 성령과 큰 확신으로 된 것이므로 마게도냐에서 우리들도 너희를 위하여 어떤 사람이 되었던 것인가를 상기시키며 그들이 주와 우리를 본받은 자가 되었다는 사실에 감격합니다.

환난 중에도 성령의 기쁨으로 말씀을 받아

환난이 신앙을 더욱 굳건하게 합니다. 예수님의 동생인 야고보도 이 사실을 강조합니다.

> 내 형제들아 너희가 여러 가지 시험을 당하거든 온전히 기쁘게
> 여기라 이는 너희 믿음의 시련이 인내를 만들어 내는 줄 너희
> 가 앎이라 인내를 온전히 이루라 이는 너희로 온전하고 구비하
> 여 조금도 부족함이 없게 하려 함이라(약 1:2-4)

데살로니가전서는 바울이 2차 전도 여행 중에 쓴 첫 편지입니다. 지금 편지를 쓰고 있는 곳은 고린도입니다. 벌써 많은 고난을 겪었습니다. 그래서 데살로니가교회의 성도들에게 "너희는 많은 환난 가운데서 성령의 기쁨으로 말씀을 받아 우리와 주를 본받은 자가 되었으니(살전 1:6)"라는 표현을 사용합니다.

환난 중에도 기쁜 마음으로 말씀을 받았습니다. 바울은 특별히 이것을 '성령의 기쁨'이라는 표현을 썼습니다.

말씀은 하나님의 영감(inspiration)으로 기록되었기 때문에 성령 안(in Spirit)에서만 깨달을 수 있습니다. 더욱 중요한 것은 데살로니가교회 성도들의 이러한 모습이 바울 일행과 주님을 본받았기 때문임을 강조합니다. 이미 5절에서 자신들의 복음은 말로만 너희에게 이른 것이 아니라 능력과 성령과 큰 확신으로 된 것이라고 밝혔습니다.

그 결과 데살로니가교회 성도들은 "마게도냐와 아가야에 있는 모든 믿는 자의 본이 되었느니라(살전 1:7)."는 격찬을 받게 됩니다.

각처에 퍼진 소문

좋은 소문! 기쁜 소식! 복음은 모든 백성에게 미치는 "큰 기쁨의 좋은 소식"을 이르는 말입니다. 한자의 '福音'이나 영어의 'Good News'도 모두 좋은 소문으로 퍼져나간다는 뜻입니다.

데살로니가교회의 좋은 소문은 아가야나 마게도냐에만 들릴 뿐 아니라 "하나님을 향하는 너희 믿음의 소문이 각처에 퍼졌으므로" 이에 대해서는 바울도 아무 말도 할 것 없다고 했습니다(살전 1:8).

이 소문에 대한 표현 중 특별히 유의할 것은 8절의 서두에 '주의 말씀이'라고 기록한 부분입니다. 우리 주님의 말씀이 좋은 소문을 타고 전파됩니다.

데살로니가는 그리스의 마게도냐의 한 도시에 불과한 것이 아니고, 동양과 서양, 아시아와 유럽을 연결시키는 통로입니다. 지리적으로 중요합니다.

복음은 사람을 통하여 전달됩니다. 그래서 바울이 데살로니가교회의 성도들에게 전했고, 데살로니가교회의 성도들은 마게도냐와 아가야 그리고 그리스 각처로 전달하였습니다.

복음은 성도들의 아름다운 삶과 좋은 소문으로 말미암습니다. 환난과 고통 중에도, 때로는 가해자들마저도 마음으로는 존경과 감탄으로 핍박을 가하는 중에 복음의 전달자가 되기도 합니다. 대표적인 예로 로마의 고관들은 그리스도인들의 박해를 오락으로 삼았습니다. 그러나 그리스도인들의 의연한 죽음과 굽히지 않는 의지를 보고 한없이 부러워하였습니다.

한편으로는 그리스도인들을 핍박하고 죽이면서 또 한편으로는 그리스도인들을 존경하였기 때문에 오히려 비밀리에 자녀들의 배필감으로 그리스도인을 찾았다고 합니다. 콘스탄티누스 황제의 어머니 헬레나 역시 독실한 그리스도인이었음을 기억할 필요가 있습니다.

주의 건지심을 믿고 그의 강림을 기다림

9절과 10절의 내용은 아가야, 마게도냐 그리고 각처에 퍼진 소문의 내용입니다.

다음은 유진 피터슨(Eugene H. Peterson)의 『메시지(The Message)』(복있는사람, 2015)에 기록된 본문의 번역입니다.

사람들이 우리에게 다가와서 이야기해 주더군요. 여러분이 두 팔 벌려 우리를 맞아 준 것과, 여러분이 지난날 섬기던 죽은 우상들을 버리고 참 하나님을 받아들여 섬기게 된 이야기를 말입니다. 하나님께서 죽은 자들 가운데서 살리신 그분의 아들

(장차 닥쳐올 멸망에서 우리를 건져 주신 예수)이 오시기를 간절히 기다리는 여러분의 모습을 보고 그들은 놀라워했습니다.

실제로 바울 일행이 데살로니가로 들어간 경위에 대해서는 이미 확인하였습니다.

빌립보 감옥에서 큰 지진으로 죄수들은 모두 달아나고 간수는 이 일로 자결을 하려고 하였습니다. 그때 바울과 실라의 외침 소리를 듣고 달려와 구원을 물었을 때 "주 예수를 믿으라 그리하면 너와 네 집이 구원을 받으리라(행 16:31)"고 외쳤습니다. 그런데 이 결정적인 복음의 외침이 오늘날 우리들에게까지 미친 것을 보면 '빌립보 – 데살로니가 – 베뢰아 – 아덴 – 고린도'의 여정은 말 그대로 복음의 경로라고 하지 않을 수 없을 것입니다.

그리고 그 지역마다 나름대로의 특성을 지니고 있습니다. 신사적이라 불리었던 사람들이 살던 베뢰아, 철학적인 도시였던 아덴, 탐욕과 부유함으로 인한 문제를 안고 있었던 고린도에 이르기까지 데살로니가교회의 이야기는 두고두고 전해질 아름다운 신앙 미담이었는지도 모릅니다.

바울을 대신하여 유대인들에게 고통을 받았던 야손의 집과 밤중에 나와 친절하게 바울과 실라를 베뢰아로 보내던 형제들(행 17:10)도 존경스럽지만 그들은 그 와중에 지금까지 섬기던 우상을 버렸습니다. 참되신 하나님을 섬겼습니다. 그들을 건지셨으며, 다시 오시게 될 예수 그리스도를 기다립니다.

바울의 첫 번째 편지일 뿐만 아니라 주후 52년경에 기록되었기 때문에 학자들은 신약성경 중에서도 가장 먼저 쓰인 책이라고 하는 데살로니가전서의 두 가지 주제를 '재림과 성결'로 보았습니다.

따지고 보면 이 기록들은 우리들의 이야기이고, 우리들이 기억해야 할 내용들입니다.

{ 선교를 위한 기도와 실천 과제 }

· · ·

1. 복음 전도가 점점 더 어려워지고 있습니다. 예수님께서 친히 말씀하셨던 종말의 징조(막 13:3-27)를 오늘의 시대와 비교해 보고, 환난 중에도 좋은 소문이 가득하였던 데살로니가교회 성도들의 모습에서 배울 점이 무엇인지 생각해 봅시다.

2. 이 시대에도 존경받을 만한 성도나 본받을 만한 교회들이 있습니다. 이들에 대한 자신의 생각을 이야기해 봅시다. 그리고 나와 우리 교회는 어떤 모습으로 좋은 소문을 통한 선교가 이루어지도록 할 수 있는지 논의합시다.

3. 각처에 퍼진 좋지 못한 소문으로 인하여 반기독교 운동이 일어나고 있습니다. 그 원인이 무엇이며 그들이 주장하는 가운데 우리들이 고쳐야 할 점은 무엇이고 오해는 무엇인지 확인해 봅시다.

3. 하나님을 기쁘시게

□ ■ □

- 읽을 성경: 데살로니가전서 2:1-5
- 외울 말씀: 오직 하나님께 옳게 여기심을 입어 복음을 위탁
  받았으니 우리가 이와 같이 말함은 사람을 기쁘게 하려 함이
  아니요 오직 우리 마음을 감찰하시는 하나님을 기쁘시게 하
  려 함이라(살전 2:4)
- 부를 찬송: 64장(통 13장) "기뻐하며 경배하세"

□ ■ □

본문 내용 읽기

1. 바울의 일행이 데살로니가로 가게 된 것은 어디에서 복음을 전하
   다가 어려움을 겪게 되었기 때문입니까?(2절)
2. 이러한 중에도 바울은 위탁받은 복음 전파에 전력하였음을 간증

합니다. 이 일은 누구를 기쁘시게 하려는 것이라고 이야기하고
있습니까?(4절)

3. 빌립보나 데살로니가에서 복음을 증거 함에 있어서 바울은 어떠
한 자세로 임하였다고 설명하고 있습니까?(3, 5절)

말씀 이해를 위하여

　　　　　데살로니가전서는 5장에 불과합니다. 그러나 그중
에 칭찬과 격려가 무려 3장에 이릅니다(1:2-3:10). 이것은 바울이 데살로
니가교회의 성도들을 교훈하기 위한 사전 작업일수도 있지만 실제적으로
좋은 소문에 대한 칭찬과 자랑할 만한 내용들이 많았음을 암시합니다.

　물론 디모데를 데살로니가로 파송한 이유(3:1-5)와 교회를 위한 바울
의 기도(3:11-13), 특히 이번 본문과 같은 바울의 회고(2:1-12)도 포함
되어 있지만 4장과 5장의 교훈적인 부분에 못지않게 지나간 역사에 대
한 내용을 할애하고 있습니다.

　바울이 데살로니가에 이른 것은 결코 우연이 아닙니다. 성령님의 인
도하심에 따른 계획적인 사건이었습니다. "건너와서 우리를 도우라."는
환상(행 16:9)에서부터 빌립보, 데살로니가, 베뢰아, 아덴 그리고 이 편
지를 쓰고 있는 고린도에 이르기까지 평탄하지 않은 길이었으나 가는 곳
마다 복음이 전파되고 나름대로의 역사가 있었습니다.

　그중에서도 가장 중요한 목적이 무엇이었는지를 바울은 회고합니다.

'하나님의 뜻'이었습니다. 데살로니가전서의 마지막 교훈에서 "그리스도 예수 안에서 너희를 향하신 하나님의 뜻"이 무엇이라는 것을 구체적으로 밝히지만(살전 5:16-18) 결국 이것은 "사람을 기쁘게 하려 함이 아니요 오직 우리 마음을 감찰하시는 하나님을 기쁘시게 하려 함(살전 2:4)"이었습니다.

2장 1-12절이 '바울의 전도에 대한 회상'이고, 한 단락으로 된 내용(하나님의 기쁨을 위한 것으로되, 사람의 영광을 구하지 아니함)이지만 주제를 분명히 하기 위하여 5절까지의 말씀을 중심으로 확인합니다.

복음 전파, 헛되지 않습니다

바울은 데살로니가에서 3주 동안 머물렀습니다. 걱정하고 염려하였으나 디모데의 보고와 마게도냐와 아가야에 들리는 소문을 근거로 자신의 데살로니가 선교를 스스로 성공적이었던 것으로 평가합니다. 그리고 이것은 데살로니가교회의 성도들도 인정하는 것임을 밝힙니다.

> 형제들아 우리가 너희 가운데 들어간 것이 헛되지 않은 줄을
> 너희가 친히 아나니(살전 2:1)

더구나 빌립보에서 많은 고난을 받음으로 인하여 데살로니가로 들어

가게 되었으니 결과적으로 성령님께서 인도하신 유익한 길이었다는 것입니다.

실제로 마게도냐의 첫 성인 빌립보에서 바울 일행이 당한 수모는 대단했습니다. 사도행전 16장 19-34절에서 보면, 이들이 당한 능욕이 구체적으로 기록되어 있습니다.

점치는 귀신 들린 여종 하나가 여러 날을 따라 다니며 바울을 심히 괴롭힙니다. 비록 그 아이가 지르는 소리는 "이 사람들은 지극히 높은 하나님의 종으로서 구원의 길을 너희에게 전하는 자"라는 것이었으나 이 소리를 듣고 바울이 심히 괴로워하였다는 것으로 보아(행 16:16-18) 지극히 가증스러운 외침이었을 것으로 추정됩니다.

그래서 귀신을 내쫓은 것인데, 자기의 수익이 사라져버린 여종의 주인이 관리들에게 끌고 가자 상관들은 이들의 옷을 찢어서 벗기는가 하면 매로 치고 감옥에 가둡니다. 물론 이후에 옥중 지진으로 인하여 간수에게 복음을 전하고 그 가족들이 다 세례를 받았으며, 바울의 '시민권'으로 당당하게 빌립보를 떠납니다.

본문이 강조하는 것은 이러한 과정이 결코 인간들에 의한 프로그램은 아니라는 것입니다.

> 우리가 먼저 빌립보에서 고난과 능욕을 당하였으나 우리 하나
> 님을 힘입어 많은 싸움 중에 하나님의 복음을 너희에게 전하였
> 노라(살전 2:2)

이 고백은 우연(偶然)이 아니라 하나님의 계획이고 뜻이었다는 것입니다. 동시에 "많은 싸움 중에 하나님의 복음을 너희에게 전한 것"이라는 말씀은 '유대주의자들의 강력한 방해' 중에도 하나님의 선하신 역사는 계속된다는 의미를 강하게 내포하고 있습니다.

바울이 전한 복음의 진실성

별안간 바울은 자신의 권면이 "간사함이나 부정에서 난 것이 아니요 속임수로 하는 것도 아니라(살전 2:3)."고 변명합니다. 아마도 바울의 반대자들이 바울을 시기하며 그 사역을 반대하고 다닌다는 소문도 함께 들었기 때문일 것입니다.

5절에서 "너희도 알거니와" 그리고 "하나님이 증언하시느니라."고 하는 표현은 그만큼 바울의 당당함을 드러냅니다.

바울이 자신이 전하는 복음이 얼마나 하나님께서 옳게 여기시는 것인지를 설명하기 위하여 사용하는 몇 가지의 부정적인 용어를 알아야 할 필요가 있습니다. 복음과 전혀 관계가 없는 이 말을 오늘날 적그리스도에 속한 사람들이나 반기독교 운동을 하는 사람들이 그대로 사용하고 있기 때문입니다.

간사함, 부정함, 속임수, 아첨 그리고 탐심이라는 용어입니다. 부정적인 세상 사람들에게 이러한 용어를 감히 기독교에 갖다 붙이도록 빌미를 제공하는 일이 없어야 하는데, 실제적으로는 그렇지 않다는 것이 문제입니다.

'간사하다'는 말은 "간교하게 남을 속인다."는 말인데, 헬라어 플라네스($\pi\lambda\acute{\alpha}\nu\eta\varsigma$)는 "미혹시킨다, 잘못 가르친다."는 뜻입니다. 본문의 '부정'은 성적인 문란을 의미하며, '속임수'는 말 그대로 거짓을 이야기하지만 본문에서는 마술사들의 눈속임과 같은 '교묘한 사기'라는 의미입니다.

교회를 비난하는 사람들은 바울에게 퍼부었던 그릇된 용어들을 지금도 그대로 사용합니다. 더구나 자기의 '사리사욕을 채우기 위하여 진실을 부정하고 타인의 기분에 좋은 말만 하는 아첨'이나 '성결을 가장하여 가식적인 모습으로 자신의 배를 채우려는 탐심'은 복음과 전혀 반대되는 말임에도 불구하고 그리스도인들을 지칭하는 것으로 매도합니다.

누구의 책임이라기보다 우리 자신을 돌아보아야 합니다. 사탄의 음흉한 궤계임은 분명하지만 복음을 위탁받은 그리스도인들이 이와 같은 오해를 받게 된 원인이 무엇인지도 반드시 살펴보아야 합니다.

오직 하나님을 기쁘시게

그럼에도 불구하고 바울이 이야기하려고 하는 핵심은 "사람을 기쁘게 하려 함이 아니요 하나님을 기쁘시게 하려 함"입니다(살전 2:4).

바울이 전하는 복음은 분명합니다. "예수는 그리스도다." 그러나 "우리나 혹은 하늘로부터 온 천사라도 우리가 너희에게 전한 복음 외에 다른 복음을 전하면 저주를 받을지어다(갈 1:8)."

또한 바울이 전하는 복음은 하나님을 기쁘시게 합니다.

성경은 하나님을 시험하지 말라고 가르칩니다. 그러나 도리어 시험하라는 곳이 두 군데가 있습니다. 말라기 3장 10절(십일조에 대한 교훈)과 에베소서 5장 10절입니다.

주를 기쁘시게 할 것이 무엇인가 시험하여 보라(엡 5:10)

과연 하나님께서 기뻐하실 일이 무엇입니까?

에베소 교인들에게는 빛의 자녀가 되고, 빛의 열매를 맺어야 한다고 강조합니다. 실제로 빛이 없으면 열매를 맺을 수 없습니다. 우리들은 빛이 아닙니다. 반복하여 강조하지만 우리들은 발광체가 아니고 반사체입니다. 주님의 빛을 받아야만 합니다. 이것이 복음이며, 믿음입니다.

믿음이 없이는 하나님을 기쁘시게 하지 못하나니(히 11:6)

육신에 있는 자들은 하나님을 기쁘시게 할 수 없느니라(롬 8:8)

그리스도를 섬기는 자는 하나님을 기쁘시게 하며 사람에게도 칭찬을 받느니라(롬 14:18)

그래서 바울은 본문에서 밝힙니다. 사람을 기쁘게 하려 한 것이 아니라 하나님을 기쁘시게 하였다는 것입니다. 그러면 사람들에게도 당연히 칭찬을 받게 된다는 것이 바울의 생각입니다.

　사람의 마음을 기쁘게 하고, 사람의 마음을 맞추려고 하다 보면 간사함이나 부정함이나 속임수가 등장합니다. 아첨하는 말을 하게 되고, 그 결과를 얻고자 하는 탐심의 탈을 쓰게 됩니다. 그러나 하나님은 속일 수 없습니다. 간사함이나 부정함으로는 하나님을 만날 수 없습니다.

　복음의 능력은 진리입니다. 거룩함입니다. 참입니다. 신실함입니다. 하나님 나라입니다. 의와 평강과 희락입니다.

{ 선교를 위한 기도와 실천 과제 }

. . .

1. 바울이 빌립보에서의 사역과 당한 고난을 사도행전 16장 11-40절을 통하여 확인해 봅시다.

2. 바울이 전한 복음의 진실성을 자신의 말로 바꾸어 설명해 봅시다.

3. 성도들의 삶은 "오직 영광, 하나님께[唯主榮光]!"임을 기억하며, 지금도 이 목적을 위하여 선교 현장에서 "하나님을 기쁘시게" 하는 사역에 수고하는 선교사들을 위하여 기도합시다.

4. 젖 먹이는 어머니의 심정

• 읽을 성경: 데살로니가전서 2:6-12

• 외울 말씀: 우리가 이같이 너희를 사모하여 하나님의 복음 뿐 아니라 우리의 목숨까지도 너희에게 주기를 기뻐함은 너희가 우리의 사랑하는 자 됨이라(살전 2:8)

• 부를 찬송: 221장(통 525장) "주 믿는 형제들"

본문 내용 읽기

1. 복음을 전하는 자로서의 바울은 스스로 이 일은 누구의 영광을 구하는 일이라고 증거합니까?(6, 12절)

2. 자신의 권위보다도 유순한 자가 되어 젖을 먹이는 유모와 같은 자세로 수고하되, 자신들의 목숨까지도 줄 수 있는 이유를 무엇

때문이라고 설명합니까?(8절)

3. 바울은 데살로니가교회의 성도들에게 무엇을 기억해 주기를 원합니까?(9절)

말씀 이해를 위하여

데살로니가교회의 교인을 생각하는 자신을 바울은 "너희 가운데서 유순한 자가 되어 유모가 자기 자녀를 기름과 같이(살전 2:7)" 하였다고 고백합니다.

본문의 내용은 '대리모'로서의 유모보다는 '젖을 먹인다.'라는 점을 강조합니다. 영어로 번역된 'A nursing mother'의 의미는 양모나 유모의 의미도 있지만 '직접 젖을 먹여서 키우는 어머니'라는 뜻도 있습니다. 우리는 젖을 먹이는 어머니의 심정 내지는 자세에 주목해야 합니다.

대개 어머니들은 아무리 화가 나도 자녀에게 젖꼭지를 물릴 때에는 화를 누그러뜨립니다. 그리고 여유를 가집니다. 그렇지 아니하고 아이에게 젖을 먹이면 반드시 탈이 납니다. 배앓이를 한다든지 설사를 한다든지 푸른똥을 싸게 됩니다. 의식적으로 그렇게 하지 않아도 젖을 먹이는 어머니의 본능이 그렇습니다.

그래서 바울은 스스로 "너희 가운데서 유순한 자가 되어"라고 표현한 것입니다. 이 사실을 강조하는 이유는 그만큼 바울은 데살로니가교회의 성도들을 사랑한다는 것입니다. 사도로서 존경과 대우를 받을 만한 자격을 가졌고, 누구에게나 영광을 받을 만한 위치에 있지만 그것을 구하지 않는다는 점을 강조합니다(살전 2:6).

그리스도의 사도로서 마땅히 권위를 주장할 수 있지만 바울과 데살로니가교회 성도들과의 관계는 '순전하고 신령한 젖(벧전 2:2)'을 먹여야 하는 어머니와 자녀의 자리라는 점을 전제로 이야기를 이어갑니다.

사랑하는 자에게는 무엇을 주어도 아깝지 않습니다

바울은 데살로니가교회 성도들을 사랑한다고 고백합니다. 어머니가 자녀를 품고 사랑하듯이 그렇게 사모하노라고 표현합니다.

사랑하는 자를 위하여 복음을 전하는 일은 지극히 당연한 일입니다. 그러나 전도자는 "우리의 목숨까지도 너희에게 주기를 기뻐함(살전 2:8)"을 실토합니다.

거의 25년이나 지난 오래 전의 이야기입니다. 그때는 결혼한 지 15년 정도 지난 후였습니다. 신학교를 막 졸업하고 처음 교회에 부임하게 되어 담임목사님께 인사차 방문하였습니다. 그런데 질문이 너무나 뜻밖입니다.

"이 지역이 그리 만만한 데가 아닙니다. 만약 길을 가다가 불량배들을 만났는데 이들이 아내를 희롱하려고 합니다. 아무 힘이 없는 전도사로서 나 살겠다고 도망을 가야 합니까? 아니면 끝까지 싸워야 합니까?"

별로 어려운 문제가 아닌지라 쉽게 대답했습니다.

"끝까지 싸워야지요."

물론 목사님은 다른 의도를 가지고 말씀하신 것입니다.

"그렇게 아내를 사랑하듯 교인들과 교회를 사랑해야 합니다."

이 이야기는 교역자들에게만 해당되는 말이 아닙니다. 지금 한국 교회는 강도를 만난 것 같습니다. 정부나 국회의원들은 인권이라는 이름으로 동성애를 조장하는 법 제정을 서두르고 있고, 대한민국 국민이라면 마땅히 세금을 내야 하지만 교회가 여러 가지 불합리한 방법에 대하여 대항하자 일부 반기독교인들은 교회를 부도덕한 단체로 매도합니다.

또한 무너져가는 대형 교회들의 모습이 애처롭기만 합니다. 스스로 만든 법의 굴레를 뒤집어쓰고 세상 법정으로 나아가는가 하면, 여기저기서 고통을 당하는 성도들의 비명 소리가 그치지 않고 있습니다.

하나님을 사랑하고 교회를 사랑하며, 그 나라를 사랑하는 사람들이라면 피하기만 할 때가 아닌 듯합니다. 서명 운동도 한 번 하고 두 번 하고 세 번을 하게 되자 지치고 무관심해져서 반응이 사라집니다. 집요한 마귀는 이러한 속성을 미리 알고 있어서 악한 도모를 절대 포기하지 않습니다.

우리들은 전도자입니다. 영원한 천국을 바라보는 자입니다. 하나님 나라를 사모하는 자입니다. 그러나 과거와 현재가 없는 미래는 없습니다. 전도자는 미래적인(Not yet) 하나님 나라를 선포하면서 현재적인(Now and here) 하나님 나라를 건설하는 사람들입니다. 목숨까지도 아깝게 여기지 않았던 사도들과 순교자들의 희생을 통하여 이미(Already) 이루어진 하나님 나라가 이 사실을 입증합니다.

사랑하는 자들에게 누(폐)를 끼치지 않으려고

믿음과 소망과 사랑! 그중에 제일은 사랑입니다(고전 13;13). 우리들을 너무나 사랑하신 예수님은 자신의 몸을 십자가에 내어 놓으셨습니다. 이보다 더 고귀하고 희생적인 사랑이 없었기에 야고보, 스데반, 베드로도 기꺼이 순교로 주님의 뒤를 따랐습니다.

"하나님을 사랑하고 이웃을 네 몸과 같이 사랑하라."는 새로운 계명(마 22:37-40)에 순종하는 전도자들은 언제나 나보다는 남을 배려합니다. 어떠한 희생도 마다하지 않습니다.

실제로 '삶을 통한 순교'가 어렵습니다. 더구나 생활에 직접적인 어려움을 감수하는 일이란 쉽지 않습니다. 바울 당시의 관습으로는 전도자들이 필요한 경비를 성도들로부터 지원받는 일은 당연한 것으로 여겼습니다(행 20:34; 고전 4:12; 고후 11:9). 바울에게도 그러한 권한이 있었습니다. 심지어 사람들은 사도들이라면 반드시 걸식(乞食)해야 함에도 불구하고 바울이 직업을 가지고 있기 때문에 사도로 인정할 수 없노라고 대들기까지 했습니다.

그러나 바울은 이러한 권한을 가졌으나 그리스도의 복음을 전하는 데 장애가 되지 않게 하기 위하여 이를 포기하노라고 선언합니다.

다른 이들도 너희에게 이런 권리를 가졌거든 하물며 우리일까
보냐 그러나 우리가 이 권리를 쓰지 아니하고 범사에 참는 것
은 그리스도의 복음에 아무 장애가 없게 하려 함이로다(고전
9:12)

바울은 열심히 일했습니다. 정말 아무에게도 폐를 끼치고 싶지 않았
습니다. 밤낮으로 일하면서 복음을 전하였습니다.

다행히 그에게는 특별한 기술이 있었습니다. 천막을 제조하는 기술입
니다. 그는 이것으로 생계를 유지하였으며, 열심히 노동을 하는 가운데
사랑으로 모범을 보이며 복음을 증거하였습니다.

하나님과 사람들 앞에서

장차 주님 앞에 서게 될 우리들입니다. 예수님은
"몸은 죽여도 영혼은 능히 죽이지 못하는 자들을 두려워하지 말고 오직
몸과 영혼을 능히 지옥에 멸하실 수 있는 이를 두려워하라(마 10:28)."고
하시며, 장차 아버지 앞에 서기 전에 사람들 앞에서 주님을 시인하는 전
도자들이 되어야 함을 교훈하셨습니다.

누구든지 사람 앞에서 나를 시인하면 나도 하늘에 계신 내 아
버지 앞에서 그를 시인할 것이요 누구든지 사람 앞에서 나를

부인하면 나도 하늘에 계신 내 아버지 앞에서 그를 부인하리라

(마 10:32-33)

본문에서도 바울은 데살로니가교회 성도들이 자신들에 대한 '증인'이라고 표현합니다. 너희들을 위하여 어떻게 살았는지, 얼마나 거룩하고 옳고 흠 없는 삶을 살았는지를 잘 아는 사람들이라는 것입니다.

바울은 본문의 마지막은 서두의 모성애와는 달리 부성애(父性愛)로 권면합니다. 장차 하나님 나라와 그 영광에 이르게 될 그리스도인답게 '하나님 앞에서' 합당하게 행하도록 하기 위하여(살전 2:12) "아버지가 자기 자녀에게 하듯 권면하고 위로하고 경계(살전 2:11)"합니다. '경계하다'라는 말은 '주의를 주다.'라는 말로 번역함이 좋고, 칭찬과 격려 다음이 권면이며 교훈이라는 사실도 확인할 수 있었으면 좋겠습니다.

하나님 앞에서 인정받는 그리스도인이 되어야 합니다. 그러나 하나님 앞에 인정받으면 되기 때문에 사람들에게는 아무렇게나 해도 된다는 말은 아닙니다. 바울은 지금 사람들에게 누를 끼치지 않으면서도 효과적으로 복음을 전하기 위하여 자신을 희생하는 삶을 이야기하고 있습니다.

우리들도 하나님 앞에서도 인정받지만 사람들 앞에서도 인정받는 성도들이 되어야 합니다.

{ 선교를 위한 기도와 실천 과제 }

• • •

1. 무엇을 주어도 아깝지 않을 정도의 사람이 있습니까? 있다면, 나와 어떤 관계에 있는 사람입니까? 그리고 그가 지금 어떤 자리에 있는 분인지 확인해 봅시다,

2. 혹시 사랑하는 사람에게 정신적으로나 물질적으로 피해를 끼친 적이 있습니까? 영적인 사랑의 교제를 위하여 내가 가져야 할 자세가 무엇인지를 생각하며 인간적인 관계를 유지하기 위한 방안들을 생각해 봅시다.

3. 내가 그리스도의 증인임을 하나님 앞에서나 사람들 앞에서 인정받기 위한 구체적인 자세가 어떤 것인지를 기록해 보고 실천합시다.

5. 자랑스러운 면류관

- 읽을 성경: 데살로니가전서 2:13-20
- 외울 말씀: 우리의 소망이나 기쁨이나 자랑의 면류관이 무엇이냐 그가 강림하실 때 우리 주 예수 앞에 너희가 아니냐 너희는 우리의 영광이요 기쁨이니라(살전 2:19-20)
- 부를 찬송: 339장(통 365장) "내 주님 지신 십자가"

본문 내용 읽기

1. 데살로니가교회의 성도들은 전도자의 말을 사람의 말로 받지 않았습니다. 누구의 말씀으로 받아들였으며 그 결과는 어떠하였습니까?(13절)

2. 복음의 말씀을 순종하는 중에 유대인들이 자신들의 동족들에게

고난을 받았던 것처럼 데살로니가교회의 성도들도 어떤 고난을 받았습니까?(14-16절)

3. 바울은 자랑스러운 데살로니가교회의 성도들을 어떻게 표현합니까?(19-20절)

말씀 이해를 위하여

올림픽 경기에서 우승한 자들이 받는 면류관은 그 자체가 자랑이었습니다. 월계관이 금이나 은, 구리로 만든 메달로 바뀌게 된 것은 1904년(세인트루이스 올림픽)이며, 실제적인 제작 비용은 개최지나 시기에 따라 다르지만 금메달의 경우 금의 함량이 지극히 적어서 10만 원에서 100만 원 이하라고 합니다. 메달이 시중에 나와 경매에 붙여지는 경우 평균 1만 달러라고 하나 1936년 베를린 올림픽 4관왕인 미국의 육상 선수 제시 오언스의 메달은 2013년의 경매에서 147만 달러였다고 합니다.

대개의 경우 메달의 화폐적인 가치를 따지는 경우는 없습니다. 우리나라 체조 양학선 선수가 정부와 체조협회로부터 1억 6천만 원의 포상금을 받는다는 기사가 났으나 어느 재벌회사에서 부모가 비닐하우스에 산다고 해서 5억 원에다 아파트까지 지어주겠다고 한 것을 보면 역시 메달의 가치는 대단합니다.

성경은 분명하게 선언합니다. 의의 면류관(딤후 4:8), 생명의 면류관

(약 1:12), 영광의 면류관(벧전 5:4)을 이야기하지만, 이러한 면류관을 세상의 것과 비교합니다.

> 이기기를 다투는 자마다 모든 일에 절제하나니 그들은 썩을 승
> 리자의 관을 얻고자 하되 우리는 썩지 아니할 것을 얻고자 하
> 노라(고전 9:25)

결국 성도들이 얻고자 하는 면류관은 썩어 버릴 세상의 면류관이 아니라 영원한 면류관인 것입니다. 하나님은 우리들에게 약속하십니다. "내가 너희의 면류관이라."고 말씀하십니다. 월계수도 아니고, 금이나 은도 아닙니다. 바로 하나님께서 친히 우리들의 머리에 영화로운 관이 되어주신다고 하십니다.

> 그날에 만군의 여호와께서 자기 백성의 남은 자에게 영화로운
> 면류관이 되시며 아름다운 화관이 되실 것이라(사 28:5)

더욱 놀라운 것은 하나님께서도 면류관을 쓰고 계십니다. 그분이 쓰고 계신 휘황찬란한 면류관을 자세히 본 이사야는 시온의 백성들을 향하여 선포합니다.

> 너는 또 여호와의 손의 아름다운 관, 네 하나님의 손의 왕관이
> 될 것이라(사 62:3)

우리도 끝까지 믿음을 지키고 남은 자로서의 삶을 사는 시온의 백성들인 성도이기에 바울이 데살로니가교회 성도들에게 어떤 표현을 쓰고 있는지 유의하여야 합니다.

> 우리의 소망이나 기쁨이나 자랑의 면류관이 무엇이냐 그가 강림하실 때 우리 주 예수 앞에 너희가 아니냐 너희는 우리의 영광이요 기쁨이니라(살전 2:19-20)

하나님의 말씀을 사람의 말로 받지 아니한 사람들

바울이 데살로니가교회의 성도들을 자랑하며 면류관으로 여기는 이유는 이 사람들이 바울에 의하여 선포되는 복음을 하나님의 말씀으로 받아들였다는 것입니다.

많은 지식과 학문을 자랑하는 오늘날과 비교할 필요가 있습니다. 복음마저도 믿음으로 받아들이기보다는 인간적인 차원으로 해석하려고 하는 경우가 많습니다. 복음은 윤리적인 규범이나 도덕적인 교훈이 아닙니다. 복음은 하나님의 명령입니다. 절대적인 선언입니다. 우리를 위하여 독생자까지도 아낌없이 주신 하나님의 사랑입니다.

데살로니가교회와 성도들이 자랑스러운 칭찬의 대상이 되었던 것은 바로 이 복음에 대한 응답 때문입니다. 바울은 이 일로 인하여 데살로니가교회 성도들에게 감사하노라고 인사합니다. 그리고 "이 말씀이 또한 너희 믿는 자 가운데에서 역사하느니라(살전 2:13)."고 선언합니다.

바울은 '내가 전한 그 말'을 굳게 지키고 헛되이 믿지 않아야 한다고 '부활의 장'이라 불리는 고린도전서 15장에서도 선포합니다.

너희가 만일 내가 전한 그 말을 굳게 지키고 헛되이 믿지 아니

하였으면 그로 말미암아 구원을 받으리라(고전 15:2)

데살로니가에서 복음을 전하던 바울 일행이 유대인들의 방해로 인하여 한밤에 베뢰아로 피신합니다.

누가는 사도행전에서 베뢰아 사람들을 '신사적(개역개정 성경은 '너그러워서')'이라고 표현하였습니다. "간절한 마음으로 말씀을 받고 이것이 그러한가 하여 날마다 성경을 상고(행 17:11)"하였기 때문입니다. 하나님의 말씀을 사람의 말로 받지 아니하였기 때문입니다.

고난을 두려워하지 않는 믿음의 사람들

예수님도 끝까지 견디는 자는 구원을 받으며(막 13:13), "너희의 인내로 너희 영혼을 얻으리라(눅 21:19)."고 하셨습니다.

히브리서 기자는 경주하는 자가 "모든 무거운 것과 얽매이기 쉬운 죄를 벗어 버리고 인내로써(히 12:1)" 경주하여야 함을 강조합니다. 고난을 이겨야 합니다. 핍박을 견뎌야 합니다. 힘든 일이 있어도 포기하지 않아야 합니다. 끝까지 달려야 합니다.

유대인들은 그들 나름대로의 공동체를 형성하고 있었습니다. 그러나 그들은 그리스도인들을 인정하지 않았기 때문에 유대인 중에서도 예수 님을 그리스도로 고백한 사람들은 오히려 같은 유대인들에게 많은 핍박 을 받았습니다. 그래서 바울은 유대인들 중에서 복음을 받아들인 유대인 들을 "유대에 있는 하나님의 교회들"이라고 불렀습니다.

본문 14-16절은 바울이 데살로니가교회 성도들에게 동족들에게 고난 을 받으면서도 믿음을 지킨 것을 '유대에 있는 하나님의 교회를 본받은 자로' 알고 칭찬합니다. 그리고 핍박자들에 대한 심판을 선포합니다.

> **형제들아 너희가 그리스도 예수 안에서 유대에 있는 하나님의**
> **교회들을 본받은 자 되었으니 그들이 유대인들에게 고난을 받**
> **음과 같이 너희도 너희 동족에게서 동일한 고난을 받았느니라**
> (살전 2:14)

바울은 유대인들이 예수님을 죽이고, 선지자들을 죽였으며, 복음 전 하는 자들을 쫓아내고 훼방하되 하나님을 기쁘시게 하지 않았고 모든 사 람들의 대적이 되었다고 이야기합니다(15절).

더구나 유대인이 아닌 이방인들이 구원을 받는 일을 싫어하여 바울 일 행이 복음을 전하는 일까지도 금한 사람들이라고 하면서, 이러한 일을 저지르는 것은 자기의 죄를 채우는 것이라고 표현하였습니다(16절). 이 들에게는 진노하심이 있습니다.

본문의 헬라어 표기는 소위 '부정과거형'이라 하여 지나간 사건을 설명하는 것으로 나타나 있습니다. 그래서 우리말 성경도 "노하심이 끝까지 그들에게 임하였느니라."로 번역하였습니다.

그러나 '끝까지'라는 단어나 '진노'라는 용어가 종말이나 미래를 의미하는 뜻이 내포되어 있기 때문에 '예언적' 혹은 '지속적' 부정과거형이라하여 선포적인 성격이 강하다고 보고 있습니다.

유대인들, 모든 유대인이 아니라 그리스도인을 핍박함으로 자기의 죄를 채워 가는 유대인들은 결국 하나님의 진노하심을 피할 수 없을 것이라는 내용입니다.

하나님의 면류관이자 바울의 자랑인 사람들

이사야의 선언처럼 그날이 되면, 끝까지 믿음을 지키며 인내함으로 승리한 자들은 '여호와께서 (친히) 면류관'이 되어 주실 것이며, 이에 그치지 아니하고 우리들을 면류관으로 삼아 주실 것입니다.

바울은 지금 데살로니가교회 성도들에게 '한 번 두 번' 그들에게 가려고 노력하였으나 가지 못한 점에 대해서 변명하면서 이렇게 만나지는 못해도 떠난 것은 얼굴일 뿐 마음이 아니라고 설명합니다.

그러면서 미래적인 언급을 놓치지 않습니다. "너희가 우리의 소망이 아니냐? 너희가 우리의 기쁨과 자랑이 아니냐? 우리 주님 다시 오실 때 '우리 주 예수 그리스도' 앞에 서게 될 너희가 아니냐?"를 질문하면서 "너희는 우리의 영광이요 기쁨이니라."고 합니다.

실제적으로는 질문형이지만 자랑인 동시에 큰 칭찬입니다. 자녀가 부모의 면류관인 것처럼, 제자가 스승의 자랑인 것처럼 바울에게는 데살로니가교회 성도들이 큰 자랑이요, 기쁨이었습니다.

본문 내용은 단순하게 미래적인 것만을 강조하지 않습니다. 물론 예수 그리스도의 재림과 더불어 주님 앞에서 바울의 기쁨이 되고 영광이 되기도 하겠지만, 고린도 지방에서 복음을 전하고 있는 지금 현재에도 자랑이요, 기쁨이 된다는 것입니다.

오늘을 살아가는 성도들도 마찬가지입니다. 성도들은 내일을 바라보며 주의 재림을 기다리는 사람들이지만 이 땅에서도 그리스도의 영광을 드러내는 주님의 자랑스러운 면류관이 되어야 합니다.

{ 선교를 위한 기도와 실천 과제 }

• • •

1. 설교를 들을 때에나 구역지도자 혹은 교사들로부터 가르침을 받을 때에
과연 그 말씀을 사람의 말이 아닌 하나님의 말씀으로 받아들이십니까?
그렇다면 그 말씀을 나는 구체적으로 실천하며 살고 있는지 스스로 질문
해 봅시다.

2. 복음을 전하고 실천함으로 인하여 가족이나 이웃으로부터 핍박을 받거나
고통을 겪은 적이 있습니까? 오늘의 말씀에 비추어 생각해 봅시다.

3. 마지막 그날 주 예수 그리스도 앞에서 바울처럼 "너희는 나의 영광이요,
기쁨"이라 자랑할 만한 일들이 있습니까? 특히 이 일을 위하여 수고하는
종(선교사)들을 위하여 내가 감당할 일들이 무엇인지를 알아보고 그 구체
적인 실천 방안을 확인합시다.

6. 굳게 선 너희로 말미암아

- 읽을 성경: 데살로니가전서 3:1-10
- 외울 말씀: 이러므로 형제들아 우리가 모든 궁핍과 환난 가운데서 너희 믿음으로 말미암아 너희에게 위로를 받았노라 그러므로 너희가 주 안에 굳게 선즉 우리가 이제는 살리라 (살전 3:7-8)
- 부를 찬송: 95장(통 82장) "나의 기쁨 나의 소망 되시며"

본문 내용 읽기

1. 데살로니가교회의 좋은 소식을 가지고 온 디모데를 다시 그곳으로 보내려고 합니다. 바울은 그 이유를 무엇이라고 설명합니까?(2-3절)

2. 바울이 이들과 함께 데살로니가에 있을 그때에도 바울이 강조한 것이 있습니다. 그 내용이 무엇입니까?(4절)
3. 분문에서 바울이 반복적으로 강조하는 교훈이 있습니다. 그것은 무엇입니까?(8절)

말씀 이해를 위하여

염려하고 걱정하던 일이 해결되었을 때의 기쁨! 누구나 경험하신 적이 있을 것입니다. 과거의 어려움이나 고통을 잊어버릴 정도로 사람을 시원하게 하기 때문에 예수님께서도 해산에 비유하여 말씀하신 적이 있습니다. 십자가를 앞두고 하신 말씀이지만 그 의미가 중요합니다.

> 여자가 해산하게 되면 그때가 이르렀으므로 근심하나 아기를 낳으면 세상에 사람 난 기쁨으로 말미암아 그 고통을 다시 기억하지 아니하느니라(요 16:21)

비록 3주 동안 머물렀던 데살로니가 지방이지만 아직도 신앙적으로 어린 이 지역의 성도들이 당할 고통을 생각하며 걱정하고 염려하던 바울입니다. 그러나 디모데로부터 데살로니가교회의 소식을 들은 바울의 지금 심정은 말할 수 없는 기쁨으로 충만합니다. 도리어 이들의 믿음으로 말미암아 큰 위로를 받았노라고 고백합니다.

> 지금은 디모데가 너희에게로부터 와서 너희 믿음과 사랑의 기
> 쁜 소식을 우리에게 전하고 또 너희가 항상 우리를 잘 생각하
> 여 우리가 너희를 간절히 보고자 함과 같이 너희도 우리를 간
> 절히 보고자 한다 하니 이러므로 형제들아 우리가 모든 궁핍과
> 환난 가운데서 너희 믿음으로 말미암아 너희에게 위로를 받았
> 노라(살전 3:6-7)

더구나 "그러므로 너희가 주 안에 굳게 선즉 우리가 이제는 살리라(살
전 3:8)."는 표현은 바로 앞 장인 2장 19-20절에 있는 말씀과 동일한 고
백입니다.

> 우리의 소망이나 기쁨이나 자랑의 면류관이 무엇이냐 그가 강
> 림하실 때 우리 주 예수 앞에 너희가 아니냐 너희는 우리의 영
> 광이요 기쁨이니라(살전 2:19-20)

환난 중에 흔들리지 않게 하기 위하여

반복하여 디모데를 데살로니가교회로 보냈던 이유
를 설명합니다.

그러나 3장에서 강조하는 것은 "너희를 굳건하게 하고 너희 믿음에 대하여 위로함으로(살전 3:2)"라는 설명입니다. 따지고 보면 사람만큼 약한 동물도 없습니다. 본능적인 짐승과는 달리 인간들에게는 더 많은 욕심이 있기 때문입니다. 그래서 유혹에 잘 넘어가고, 자신을 이기지 못하고 자빠지는 경우가 많습니다. 따라서 성경은 굳건한 믿음을 강조합니다. 그리고 끝까지 인내할 것을 권면합니다. 흔들리지 않는 신앙의 중요성을 설명합니다.

기독교를 '사랑의 종교'라고 하지만 고린도전서 13장(사랑장)은 사랑은 '언제나 오래 참고'를 가장 먼저 이야기함으로 기독교가 '인내의 종교'임을 가르칩니다(고전 13:4).

5장의 짧은 편지 중에서 무려 3장이나 칭찬으로 일관되어 있습니다. 그러나 바울이 데살로니가교회에 이 편지를 보낸 목적은 종말에 대한 준비입니다. 예수 그리스도의 재림을 앞에 둔 성도들에게 성결된 삶이 무엇인지를 교훈하기 위해서입니다.

이와 같은 구체적인 이야기는 4장과 5장, 두 장에 집중되어 있지만 3장에서도 이 사실을 이야기하기 위한 접근을 확인할 수 있습니다.

예수님께서 직접 말씀하신 종말의 징조는 적그리스도의 출현, 난리와 난리의 소문, 지진과 기근 등 여러 가지가 있지만(막 13:4-13) 그중에서도 가장 두드러진 종말의 특징이 그리스도인들이 당하게 될 환난과 고통입니다. 그래서 바울은 데살로니가에 머물 때에도 미리 이야기하였다는 사실과 자신이 사도로 세움을 받은 목적도 성도들이 여러 환난을 당한다 하더라도 흔들리지 않게 하기 위함이라고 설명합니다.

아무도 이 여러 환난 중에 흔들리지 않게 하려 함이라 우리가
이것을 위하여 세움 받은 줄을 너희가 친히 알리라 우리가 너
희와 함께 있을 때에 장차 받을 환난을 너희에게 미리 말하였
는데 과연 그렇게 된 것을 너희가 아느니라(살전 3:3-4)

시험하는 자의 끊임없는 유혹

수고는 수고대로 하였음에도 불구하고 결과가 시원
하지 못한 경우가 많습니다. 시작은 좋았으나 그 나중이 비참한 이들도
적지 않습니다. 바울이 염려하고 근심한 것도 바로 이것입니다.

믿음을 잘 지키고 있는지?

악한 자들의 훼방으로 신앙생활이 힘든 것은 아닌지?

혹시라도 시험하는 자가 성도들을 유혹하고 시험하므로 그 어려운 중
에 전한 복음과 수고가 헛되이 되지는 않았는지(살전 3:5)?

물론 디모데가 가지고 온 소식은 기쁜 소식이요, 아름다운 소문이요,
위로를 받을 만큼 큰 감격이지만 실제적으로 오늘날의 성도들도 마찬가
지입니다.

저 개인적으로도 너무 신비적인 이야기인지라 여기에 설명을 핑계로
말씀드려도 되는지 모르겠습니다.

"더 큰 어려움과 환난이 닥칠 때에 이를 이겨낼 만한 성도들이 네가
목회하는 교회에서는 몇 명이나 된다고 생각하느냐?"

제가 직접 하나님으로부터 받은 질문입니다.

수많은 사람이 그리스도인들이라고 자랑하지만 모든 궁핍과 환난 중에서도 흔들리지 않고 믿음을 지킬 수 있는 그리스도인들은 얼마나 될 것인가를 묻는 질문이 아닐까요?

21세기를 앞둔 1998년, 국제로잔위원회는 21세기의 선교 문제에 대한 보고서를 작성하면서 다가올 세기에 나타나게 될 가장 심각한 문제를 '명목상의 그리스도인(Nominal Christian)'으로 보았습니다.

실제로 이 '이름뿐인 그리스도인'의 문제가 심각하게 대두되고 있습니다. 소위 교회를 멀리하는 '가나안교인'에 대한 문제가 한국 교회에서도 큰 문제점으로 지적되고 있는 것만 보아도 그렇습니다.

인구조사에서는 타종교에 비해 기독교가 가장 많이 증가한 것으로 나타나고 있지만 교회에서 집계한 교인 수의 통계는 점점 줄어들고 있다는 사실이 이를 입증합니다.

시험하는 자의 유혹과 그날이 가까울수록 악한 사탄의 발악은 더 심해지고 있기에 더욱 데살로니가교회가 부럽고, '이 시대의 데살로니가교회'가 필요하다는 사실을 실감하게 됩니다.

바울은 데살로니가교회와 성도들이 '주 안에 굳게 선즉(살전 3:8)' 이로 말미암아 하나님 앞에서 기뻐하며, 하나님께 어떻게 감사하며 어떻게 보답해야 할지 모를 정도로 감격해 하고 있는 것입니다(살전 3:9).

계속적인 신앙훈련과 보충이 필요합니다

넘어지기 쉬운 인간성의 문제도 그렇지만 시험과 유혹의 방법도 점점 진화되고 있습니다.

바울이 데살로니가교회 성도들을 보고 싶어 하고 다시 한번 방문하려고 노력하는 것은 이들의 믿음이 부족한 것을 보충하기 위해서라고 설명합니다(살전 3:10). 이들의 '부족한 믿음'은 믿음이 연약하다는 뜻이 아닙니다. 신앙적인 지식의 보충을 이야기합니다.

특히 4장과 5장의 내용을 미루어 짐작하면 데살로니가교회 성도들의 열정은 대단하지만 그리스도의 재림과 종말에 대한 올바른 인식이 부족하다는 것으로 볼 수 있습니다.

우리 인간은 평생을 두고 배우고 가르치며, 훈련을 받아도 무한하신 하나님의 능력을 다 체험할 수 없을 뿐만 아니라 그 신비한 법칙과 진리를 다 터득할 수 없습니다. 그래서 주님 앞에 서는 그날까지 영적인 훈련은 물론 성경 말씀을 읽고 듣고 배우는 것입니다.

데살로니가교회의 성도들은 믿음이나 천국에 대한 소망이나 아름다운 사랑의 실천에 있어서 흠 잡을 데가 없을 정도로 모범적이었고, 고난과 핍박에도 결코 굴하지 않는 굳건한 신앙인들이지만 바울은 "너희의 믿음이 부족한 것을 보충하게 하려 함이라."고 이야기하는 것도 같은 의미입니다.

{ 선교를 위한 기도와 실천 과제 }

. . .

1. 새롭게 신앙생활을 시작한 성도들 중에도 모범적인 삶을 사는 이들이 있습니다. 그러나 전도자나 양육자로서 이분들을 위하여 기도할 때 어떤 제목들을 가지고 기도하고 있습니까? 바울의 심정으로 이들을 위한 기도할 내용들을 적어봅시다.

2. 영적인 부모로서의 역할을 감당하기 위하여 기도하는 교역자들과 선교사들의 바람이 무엇인지를 생각해 보고, 우리들이 그들의 동역자가 되어야 하는 이유를 오늘의 말씀에 비추어 생각해 봅시다.

3. 성화(聖化)되어 가는 과정 중에 있는 사람들이 성도입니다. 우리의 믿음이 성장해 감에 따라 부족한 부분들이 있음을 인정하고, "너희 믿음이 부족한 것을 보충하게 하려 함이라(살전 3:10)."는 말씀을 나에게 주시는 말씀으로 알고, 어떤 자세로 이 말씀에 순종할 것인지 다짐해 봅시다.

7. 바울의 소망과 간구

- 읽을 성경: 데살로니가전서 3:11-13
- 외울 말씀: 너희 마음을 굳건하게 하시고 우리 주 예수께서 그의 모든 성도와 함께 강림하실 때에 하나님 우리 아버지 앞에서 거룩함에 흠이 없게 하시기를 원하노라(살전 3:13)
- 부를 찬송: 258장(통190장) "샘물과 같은 보혈은"

본문 내용 읽기

1. 데살로니가교회의 성도들을 보고 싶어 하는 바울의 마음을 읽을 수 있는 기도 내용을 확인합시다.(11절)

2. 성도들 간의 교제를 위한 기본적인 정신이 무엇입니까?(12절)

3. 주의 강림이 가까울수록 성도들이 가져야 할 마음의 자세는 무엇

입니까?(13절)

말씀 이해를 위하여

　　　　　새로운 사실을 이야기하기 위하여 바울은 3장의 마지막 부분에 그의 간절한 소원과 간구를 담았습니다. 아무리 좋은 말을 하고 미사여구로 자신의 생각을 기록한다고 할지라도 상대방의 마음이 닫혀 있으면 아무런 유익이 없습니다.

바울은 지금까지 데살로니가교회의 성도들의 소식을 듣고 칭찬과 함께 자신의 마음을 쏟았습니다. 그러나 데살로니가교회의 성도들이라고 해서 문제가 없는 것은 아닙니다.

임박한 재림에 대한 신앙은 반드시 필요한 것이지만 데살로니가교회의 성도들은 주의 재림을 기다린다는 핑계로 일상생활에 충실하지 못했습니다.

실제로 이 서신을 기록한 목적은 이들을 교훈하기 위한 것이었습니다. 편지의 많은 부분을 칭찬과 격려로 할애한 것은 이러한 바울의 마음을 전달하기 위한 것이었으나 결국 데살로니가교회 성도들이 마음을 열지 않으면 아무런 소용이 없습니다. 바울의 기도는 더욱 간절합니다.

그래서 이러한 충고는 "우리 주 예수께서 그의 모든 성도와 함께 강림하실 때에 하나님 우리 아버지 앞에서 거룩함에 흠이 없게(살전 3:13)" 하기 위한 것임을 기도를 통하여 밝히고 있습니다.

첫째 간구, '우리의 길'을 인도해 달라는 기도입니다

본문 11절은 바울이 데살로니가교회 성도들을 사모하는 내용입니다. 그래서 데살로니가에 가고 싶어하는 마음을 담았습니다. "하나님 우리 아버지와 우리 주 예수는 우리 길을 너희에게로 갈 수 있게 하시오며" 하나님 아버지와 예수님께서 우리의 길을 인도하시되 '너희에게로 갈 수 있게' 해 달라는 기도는 그만큼 데살로니가교회 성도들을 사모한다는 것입니다. 보고 싶고, 가고 싶다는 이야기입니다.

우리의 걸음을 인도하시는 분은 하나님이십니다. 이미 바울은 경험하였습니다. 드로아에서 비두니아로 향하여 나가려던 바울의 걸음을 마게도냐로 향하게 하신 하나님이십니다(행 16:8-10). 데살로니가에서의 소동은 바울로 하여금 아덴을 지나 고린도까지 이르게 하셨습니다(행 18:1).

우리들도 마찬가지입니다.

사람이 마음으로 자기의 길을 계획할지라도 그의 걸음을 인도하시는 이는 여호와시니라(잠언 16:9)

사람의 걸음은 여호와로 말미암나니 사람이 어찌 자기의 길을 알 수 있으랴(잠 20:24)

새로운 일을 계획하는 지도자들, 새 학기나 입학을 앞두고 있는 학생들도 모두 기도해야 합니다.

"우리의 길을 인도하여 주시옵소서!"

가장 좋은 길을 보여 주시고 또 그 길로 이끌어 주실 것입니다. 그분은 우리의 모든 것을 알고 계시기 때문입니다. 가장 좋은 길이 어딘지를 아십니다.

너희에게는 머리털까지 다 세신 바 되었나니(마 10:30)

우리의 체질까지 아시는(시 103:14) 그분에게 기도해야 합니다. 믿음이란 입으로 고백하고, 마음으로 받아들이는 것도 중요하지만 그분에게 전적으로 의탁하는 삶이라는 것을 잊어서는 안될 것입니다.

둘째 간구, '넘치는 사랑'을 위한 기도입니다

바울은 기도 중에 자신의 마음을 간접적으로 서술하였으나 이것은 더 강력한 메시지를 담고 있습니다.

우리가 너희를 사랑함과 같이(살전 3:12)

자신의 이러한 마음뿐만 아니라 권면도 마찬가지입니다. "피차간과 모든 사람에 대한 사랑이 더욱 많아 넘치게" 하시는 분은 하나님이신지라 "주께서 … 너희도 … 넘치게 하사"라고 하는 분명한 기도이지만 일기가 아닌 공개적인 편지에 이러한 글을 쓴 것은 그만큼 더 강한 교훈의 성격을 지니고 있습니다.

바울 일행이 데살로니가교회 성도들을 사랑한 것처럼 데살로니가교회의 성도들도 피차간에 사랑하여야 합니다. 여기에 그치지 않고 모든 사람에 대한 사랑이 더욱 많아 넘치게 되어야 합니다.

그러나 바울은 '주께서' 그렇게 해 주시기를 간구합니다. 우리를 사랑하셔서 육신을 입으시고 성탄(聖誕)하셨을 뿐만 아니라 십자가 위에서 자신을 던지신 분이십니다. 먼저 주님이 우리를 그렇게 사랑하셨습니다. 그분이 우리를 그렇게 변화시켜 달라는 것입니다.

우리들도 어떤 일을 마무리하거나 시작하면서 자신을 돌아보아야 합니다. 그리고 주님의 뒤를 따라 제자의 길을 가겠노라고 다짐하는 우리들이라면 새로운 결심과 함께 "우리들도 그 사랑을 실천하게 하옵소서!"라고 기도해야 합니다.

셋째 간구, '굳건한 마음'을 위한 기도입니다

"굳건하라"는 말씀은 성경 어디에서나 찾아볼 수 있습니다. 무엇보다 마음을 굳건하게 하여야 할 뿐만 아니라 확고부동한 믿음은 아무리 강조해도 지나침이 없습니다.

더구나 이 편지는 고린도에서 쓰고 있습니다. 훗날 고린도교회 성도들에게 쓴 편지에서도 이 사실을 확인할 수 있습니다. 견실하며 흔들리지 말고 주의 일에 힘쓰는 자가 되라는 말씀입니다.

> 그러므로 내 사랑하는 형제들아 견실하며 흔들리지 말고 항상 주의 일에 더욱 힘쓰는 자들이 되라 이는 너희 수고가 주 안에서 헛되지 않은 줄 앎이라(고전 15:58)

종말, 곧 주의 재림을 기다리는 성도들의 자세를 강조하는 예수님의 동생 야고보도 "길이 참으라."는 부탁과 함께 동일한 권면을 합니다.

> 너희도 길이 참고 마음을 굳건하게 하라 주의 강림이 가까우니라(약 5:8)

흔히 예수님께서도 분노하신 적이 있다고 하면서 '의로운 분노'를 이야기하지만 우리들은 사람입니다. 분내는 일은 아무런 유익이 없습니다. 의로운 분노라고 하는 이들도 없지 않으나 인간 자체가 의롭지 못하기 때문에 사실 그것은 핑계에 불과합니다.

그러므로 "길이 참고 마음을 굳건하게 하라."는 말씀 자체를 가감하는 일이 없어야 하겠습니다. 왜냐하면 이 본문도 "주 예수께서 그의 모든 성도와 함께 강림하실 때에"라고 지적하고 있기 때문입니다.

결론은 '주의 강림'과 '거룩함'입니다

종국적으로 '우주적인 종말'인 주의 강림이 중요합니다. 그러나 '개인적인 종말'도 중요합니다. 그래서 많은 사람이 죽음 앞에서 진실을 토로합니다.

좀 더 사랑하지 못하였음을, 좀 더 신실하게 살지 못하였음을, 좀 더 포용하지 못하였음을 후회합니다. 그러나 가장 중요한 것은 주님께서 우리들을 거룩하게 하셨으므로, 가능하다면 아버지 앞에 흠이 없고 거룩한 모습으로 설 수 있어야 합니다. 그러나 그럴 수가 없습니다. 하나님이 먼저 아십니다.

본문의 말씀이 배치되어 있는 순서에 유의하시기 바랍니다. 우리들 자신이 거룩한 것이 아닙니다. 하나님께서 구별해 주심(하기오쉬내, ἁγιωσύνη)에 대하여 흠이 없게 하라는 말씀입니다. 성도들의 삶의 변화와 함께 하나님의 자녀로서 적합하게 살아야 한다는 말입니다.

본문의 내용만으로는 믿음과 소망, 사랑의 견고함을 이야기하지만 전체적인 내용을 보면, 주의 강림을 기다리는 우리들, 새로운 일을 시작하는 우리들, 무엇보다 새로운 가르침을 받을 우리들도 기도하는 삶을 통하여 궁극적으로 주님의 도우심에 힘입어 그분의 교훈을 따르는 성도가 되어야 함을 말씀하고 있는 것입니다.

{ 선교를 위한 기도와 실천 과제 }

· · ·

1. 이 땅에 사는 성도들은 나그네들입니다. 그래서 길[道]을 강조합니다. 바른 길을 가야 합니다. 세상의 모든 길은 닫혀 있지만 십자가의 길은 막다른 길이 아닙니다. 영생의 길인 십자가의 도(道)를 따라야 합니다. 바울이 말한 그 길(살전 3:11)을 바로 알고, 위하여 기도합시다.

2. 가장 큰 사랑의 실천도 바로 이 길(십자가의 도)로 안내하는 것입니다. 전도 대상자를 생각해 보고, 목록을 만들어 이들에게 베풀 사랑의 실천 계획을 세워봅시다.

3. 우리 주께서 다시 강림하실 때에 흠이 없는 자녀로서 당당히 설 수 있기 위하여 우리가 해야 할 일이 무엇인지를 바로 알고 깨달아 실천합시다.

8. 하나님을 기쁘시게 하려면

- 읽을 성경: 데살로니가전서 4:1-8
- 외울 말씀: 하나님이 우리를 부르심은 부정하게 하심이 아니요 거룩하게 하심이니 그러므로 저버리는 자는 사람을 저버림이 아니요 너희에게 그의 성령을 주신 하나님을 저버림이니라(살전 4:7-8)
- 부를 찬송: 191장(통 427장) "내가 매일 기쁘게"

본문 내용 읽기

1. 하나님이 기뻐하시는 것은 그의 뜻을 행하는 것입니다. 바울이 교훈하고 있는 "주 예수로 말미암은" 하나님의 뜻은 무엇입니까?(3절)

2. 하나님이 우리를 부르심은 부정하게 하심이 아니요 거룩함(7절)
   입니다. 그 구체적인 내용을 말씀대로 열거해 보세요.(3-6절)
3. 이 거룩함을 저버린 자는 사람을 저버린 것이 아니라 누구를 저
   버린 것이라고 것입니까?(8절)

말씀 이해를 위하여

바울은 데살로니가교회 교인들을 "우리의 영광이요 기쁨(살전 2:20)"이라고 불렀습니다. 자식들은 부모의 기쁨이 되어야 하고, 성도들은 당연히 하나님의 기쁨이 되어야 하지만 그것이 그리 쉬운 일이 아닙니다. 차라리 걱정거리나 근심이 되지 않으면 다행인 경우가 많습니다.

바울은 데살로니가교회 성도들을 믿고 인정합니다. 그래서 자신 있게 이야기합니다.

> 너희가 마땅히 어떻게 행하며 하나님을 기쁘시게 할 수 있는지
> 를 우리에게 배웠으니(살전 4:1 중반절)

그리고 부탁합니다.

> 곧 너희가 행하는 바라 더욱 많이 힘쓰라(살전 4:1 하반절)

잘하고 있지만 더욱더 잘하라는 뜻일 것입니다. 전해 오는 우리말 그대로 "달리는 말에 채찍을 가한다."라는 주마가편(走馬加鞭)인 셈입니다.

감사한 것은 "우리가 주 예수로 말미암아" 우리가 너희에게 무슨 명령을 하든지 너희가 더 잘 안다는 표현입니다(살전 4:2). 얼마든지 반항할 수 있지만 바울은 이들이 순종하리라 믿고 이야기합니다.

"Don't spur a willng horse(달리는 말에 박차를 가하지 말라)!"는 서양 속담이 있는가 하면 "때리지 말라. 그렇지 않아도 노력하고 있어!" 하고 대들 수도 있는 오늘의 시대와는 전혀 다른 아름다운 모습입니다.

하나님의 뜻은 이것이니 너희의 거룩함이라

하나님의 뜻대로 살면, 하나님이 기뻐하십니다.

처음 신학교를 졸업하고 부임한 교회의 표어가 "여호와 하나님 기뻐하는 교회"였습니다. '여호와 하나님께서 기뻐하시는 교회'도 아니고, '여호와 하나님을 기쁘시게 하자'도 아닌 표어라 어리둥절했습니다. 설명을 들으면서 참 재미있다는 생각을 하였습니다.

앞서 이야기한 두 가지는 다 같은 내용입니다. 기뻐하시는 분은 하나님이십니다. "우리들도 여호와 하나님을 기뻐한다."라는 의미를 담고 있는 것인데 여기에 한술 더 떠서 우리가 엄마와 아빠를 보고 기뻐하면 엄마와 아빠도 기뻐하고. 우리들이 하나님을 바라보고 기뻐하고 감사하고 좋아하면, 하나님께서도 기뻐하신다는 것입니다.

하나님을 기뻐합시다. 그러면 하나님도 우리를 보고 기뻐하십니다.

학생들이 국어 선생님을 좋아하고 따르면 국어 성적이 좋아집니다. 영어 선생님을 좋아하면 딴짓하지 않고 영어 수업에 열심히 참여합니다. 이처럼 하나님을 기뻐하면 하나님께서도 좋아하시지만 우리들도 하나님의 뜻을 따르게 됩니다.

하나님의 뜻은 이것이니 너희의 거룩함이라(살전 4:3)

이어지는 5장에서도 사도 바울은 데살로니가교회 성도들에게 권면합니다.

항상 기뻐하라 쉬지 말고 기도하라 범사에 감사하라 이것이 그리스도 예수 안에서 너희를 향하신 하나님의 뜻이니라(살전 5:16-18)

질그릇과 같은 우리들입니다. 그러나 우리들이 존귀한 존재로 인정을 받는 것은 질그릇과 같은 우리들이 보배로운 주님을 모셨기 때문입니다 (고후 4:7).

초라한 죄인들이지만 성령님이 내 안에 거주하심으로 거룩한 성전이 되었습니다. 속된 인간들이지만 거룩한 성도들이 될 수 있는 것은 그분의 거룩한 피로 말미암은 것입니다.

이것을 바로 알고 깨달아 자신의 분수를 지키는 것을 보고 하나님은 기뻐하십니다. 하나님을 기쁘시게 하는 첫 번째 조건은 거룩한 성도가 되는(Being Christian) 것입니다.

곧 음란을 버리고 각각 거룩함과 존귀함으로

끊임없이 확인하고 반복하는 것은 우리의 지위와 신분이 우리의 행위로 말미암은 것이 아니라는 것입니다. 우리의 신분이 확인되고 지위를 인정한다면, 그에 맞는 행위가 수반되어야 합니다.

그 거룩함을 지켜야 합니다. 한 걸음 더 나아가 거룩하게 살아야 하며, 거룩한 세상으로 만들어 나가야 합니다.

"음란을 버리고 각각 거룩함과 존귀함으로!"

바울은 구체적인 내용을 소개합니다.

하나님을 모르는 이방인과 같이 색욕을 따르지 말고(살전 4:5)

본문은 특별히 음란의 문제, 인간의 욕망 중에서도 '색욕'에 대한 문제를 강조합니다.

이 지역은 헬라 제국입니다. 고대 헬라인들은 향락을 추구했습니다. 그 당시 마게도냐와 아가야 지방의 성도덕은 매우 부패해 있었습니다.

이 편지는 지금 바울이 머무는 고린도 지방에서 쓴 것으로 알려져 있습니다. 고린도전서의 주제가 "교회다운 교회를 위하여 고린도교회 성도들에게 보낸 편지"입니다. 대부분의 내용이 음란의 문제, 결혼의 문제, 가정의 문제, 우상, 음식에 관한 문제입니다.

성적으로 문란한 헬라인 지역에서 성적인 욕망을 절제하라고 가르치는 것은 그만큼 그리스도인들의 사명이 컸기 때문입니다. 성령을 모시고 사는 그리스도인들이기에 성적인 윤리가 더 크게 요구되었습니다.

성전인 그리스도인들은 자신의 몸을 소중히 여겨야 합니다. 그 몸이 성전이기 때문입니다. 함부로 다루는 일이 있어서는 안 됩니다. 오히려 아끼고 존중히 여기는 법을 알고 따라야 합니다. "이전 것은 지나가고 새 사람이 되었기" 때문입니다(고후 5:17).

> **너희는 유혹의 욕심을 따라 썩어져 가는 구습을 따르는 옛 사람을 벗어 버리고 오직 너희의 심령이 새롭게 되어 하나님을 따라 의와 진리의 거룩함으로 지으심을 받은 새 사람을 입으라**
> (엡 4:22-24)

> **이 일에 분수를 넘어서 형제를 해하지 말라 이는 우리가 너희에게 미리 말하고 증언한 것과 같이 이 모든 일에 주께서 신원하여 주심이라**(살전 4:6)

그러나 자신에게 국한되지 않는다고 말씀드렸습니다. 형제들과 관계가 있습니다. '이 일에 분수를 넘지 말라.'는 표현은 '분수를 넘어서 이웃의 아내나 남편에게 음욕을 품지 말라.'는 의미를 가진 것은 사실입니다.

본문은 이웃에 대한 하나님의 관심을 표현하고 있다고 보아야 합니다. 이웃을 사랑하고 돌보아야 하지만 분수를 넘어서는 일이 없어야 합니다.

유진 피터슨은 『메시지』에서 "형제자매의 관심사를 함부로 무시하지 마십시오. 그들의 관심사는 하나님의 관심사이니, 하나님께서 그들을 돌봐 주실 것입니다."로 번역하였습니다. 이 말은 하나님은 우리들만 사랑하시는 것이 아니라 우리들의 이웃에 대해서도 관심을 가지고 계신만큼 그들을 돌봐 주시는 하나님이시니 그들을 성적인 대상으로 보지 말고 존중하라는 의미입니다.

하나님의 뜻을 저버리지 말라

하나님을 기쁘시게 하려면 하나님께서 불러 주신 목적에 맞게 살아야 합니다. 하나님의 부르심에 바르게 응답하여야 합니다. 아브라함처럼 "부르심에 응답하는 체험적 신앙"을 가져야 합니다.

"하나님이 우리를 부르심은 부정하게 하심이 아니요 거룩하게 하심(살전 4:7)"이라고 선언한 바울은 하나님의 뜻을 저버리는 자가 되지 말라고 권면합니다. 이웃과의 관계에서 불의를 행하고, 음란과 색욕을 좇는 자는 사람을 저버린 것이 아니고 하나님을 저버린 자라고 표현합니다.

두려운 말씀입니다. 성도가 되었다고 해서 모든 것이 다 이루어진 것이 아닙니다. 하나님의 자녀라고 해서 교만하거나 으스댈 수 없습니다.

아버지의 뜻을 분별하되 겸손해야 합니다. 직접적으로 아버지를 저버린 적이 없다고 해도 아버지의 뜻을 저버린 자는 하나님을 저버린 자이기 때문입니다.

"감사로 은혜 체험!"이라는 주제를 강조합니다. "은혜를 저버리는 자가 되지 않기 위하여" 감사하는 삶을 살자는 것입니다.

승리하는 삶을 살기 위하여 우리는 하나님 앞에 무릎을 꿇어야 합니다. 우리들의 힘으로 되지 않는 일이 많다는 것을 인정하십시오. 마지못해 억지로 무릎을 꿇는 것이 아니라 이미 받은 은혜가 크기 때문에 무릎을 꿇어야 하고, 거룩한 뜻을 이루시기 위하여 우리를 불러 주신 것으로 그치지 아니하시고, '거룩한 영'이신 성령님이 친히 인도하신다는 사실을 잊지 않아야 합니다.

25년 동안 정신과 의사로 활동하던 불신자가 신앙을 갖게 된 이유는 기도를 절실히 하는 사람들 중에는 환자가 한 명도 없었기 때문이라는 것이었습니다.

{ 선교를 위한 기도와 실천 과제 }

. . .

1. 성도를 거룩하다고 하는 이유는 무엇입니까? 본문은 하나님의 뜻을 행함
   으로 하나님을 기쁘시게 하라고 말씀합니다. 우리들을 거룩하게 구별하
   신 이유를 알고 그분의 뜻을 다시 한번 생각합시다.

2. 거룩한 성도들이 되기 위한 구체적인 명령들을 확인해 보고 자신과 관련
   된 부분들을 찾아 솔직하게 주님 앞에 내어 놓고 회개합시다.

3. 사람의 뜻을 좇는 것이 아니라 하나님의 거룩한 뜻을 좇아 살아야 합니
   다. 자신의 힘으로는 어렵습니다. 그렇다면 우리들이 하나님의 뜻을 좇
   아 살기 위하여 할 수 있는 일은 무엇입니까?

9. 자기 손으로 일하라

- 읽을 성경: 데살로니가전서 4:9-12
- 외울 말씀: 또 너희에게 명한 것 같이 조용히 자기 일을 하고 너희 손으로 일하기를 힘쓰라(살전 4:11)
- 부를 찬송: 330장(통 370장) "어둔 밤 쉬 되리니"

본문 내용 읽기

1. 데살로니가교회 성도들이 모범적이라고 할 만큼 칭찬을 받는 이유를 확인합시다.(9절)

2. 사랑의 실천이 중요한 만큼 자신의 일도 스스로 어떻게 하라고 교훈하고 있습니까?(11절)

3. 타인들이 궁핍하거나 어려움을 겪는 일까지도 바울은 누가 감당

해야 할 일이라고 가르칩니까?(12절)

말씀 이해를 위하여

바울의 주마가편(走馬加鞭)은 계속됩니다. 더 잘하라는 말입니다.

이미 마게도냐에 머물면서 바울이 데살로니가교회 성도들에게 서로 사랑할 것을 가르쳤는데, 이들이 이를 잘 준행하고 있을 뿐 아니라 이 소문이 마게도냐 온 지역의 형제들에게 알려져 있다는 것입니다.

바울은 이렇게 권면합니다.

> 과연 이것을 행하도다 형제들아 권하노니 더욱 그렇게 행하고
> (살전 4:10)

이 말씀은 사랑에 관한 한 아무리 강조해도 지나침이 없다는 사실을 입증합니다.

본문에서 말하는 사랑은 헬라어 '필라델피아스(Φιλαδελφίας)'라는 말을 사용하고 있습니다. 이는 사랑 중에도 우정을 뜻하는 '필리아(φιλία)'와 형제를 의미하는 '아델포스(ἀδελφός)'의 합성어입니다. 예수 그리스도를 주로 영접한 그리스도인들은 당연히 형제자매들 이상으로 서로 사랑하는 성도들이 되어야 한다는 것입니다.

하나님의 가르치심을 받아

이전 번역에는 "너희가 친히 하나님의 가르치심을 받아"로 되어 있습니다. 하나님이 직접 데살로니가교회 성도들에게 그렇게 가르치셨다는 의미이지만 실제로 바울이 의도하는 바는 '형제 사랑'이 하나님의 가르치심이기 때문에, 그만큼 중요하다는 것을 강조하기 위한 것으로 보고 있습니다.

한편으로는 예수님이 친히 이 땅에 오셔서 우리들을 사랑하신 그 사랑을 직접적으로 보여 주셨다는 사실을 이미 바울을 통해 들었으므로, 그리스도의 오심과 삶 자체가 친히 하나님이 가르치신 내용이라는 것을 표현한 것이라는 주장도 있습니다.

실제로 '형제 사랑'을 실천하고 있는 데살로니가교회의 성도들처럼 우리들도 그렇게 사랑해야 하는 것을 교훈하고 있기도 합니다.

> 형제 사랑에 관하여는 너희에게 쓸 것이 없음은 너희들 자신이
> 하나님의 가르치심을 받아 서로 사랑함이라(살전 4:9)

너무나 분명한 진리이기 때문에 "너희에게 쓸 것이 없다."라고 한 것일 수도 있으나 이어지는 10절에서 이미 알고 깨달아 실천하고 있기 때문이라는 해석이 훨씬 설득력이 있습니다.

바울은 이 부분에 대하여 의심의 여지가 없다는 뜻으로 "너희가 과연 이것을 행하도다."라는 말로 인정하면서, 그 사랑이 온 마게도냐 지역의

모든 형제에게까지도 행하였다는 것으로 받아들입니다.

결국 데살로니가교회의 성도들은 지금 바울로부터 최고의 칭찬을 받고 있습니다.

권하노니 더욱 그렇게 행하고

이미 언급한 것처럼 '더욱 그리 행하고'라는 이야기는 '더 잘하라.'는 의미나 강조의 뜻도 있지만 역시 옛 번역처럼 "더 많이 하라."는 내용이 담겨 있다는 사실을 간과하지 않아야 합니다. 더 큰 사랑을 실천하라는 말입니다. 형제 사랑에는 한계가 없기 때문입니다. 얼마만큼이 아닙니다. 몇 번까지가 아닙니다. 그래서 주님은 자신의 몸을 희생하기까지 하셨던 것입니다.

이어지는 말씀을 붙들고 한참 씨름했습니다.

> **또 너희에게 명한 것 같이 조용히 자기 일을 하고**(살전 4:11 상
> 반절)

10절에서 11절로 바뀌었기 때문에 부지런히 자기 손으로 일을 하되 '조용히 해야 한다.'라는 의미가 맞을 것입니다. 그러나 '조용히 자기 일을 하라.'는 명령이 다음 구절과 관계없는 독립적인 명령이라는 것이 저의 생각입니다. 구태여 관련을 짓는다면 앞 구절과 더 깊은 관계가 있다

고 생각합니다.

형제를 사랑하여야 합니다. 필요하면 베풀어야 합니다. 그리고 끝까지 어떠한 제한도 없이 그렇게 사랑해야 합니다. 그러나 이것을 떠벌린다거나 내세우게 되면 의미 없습니다. 아무리 많은 사랑을 베풀어도 그것은 '형제 사랑'이 아니라 '자기 과시'가 될 위험성이 많습니다.

조용히, 말없이, 떠벌리지 않고 자기 일을 해야 하고, 부지런해야 하지만 정말 형제와 이웃을 위하여 아름다운 사랑을 베푸는 일에는 침묵할 필요가 있습니다. 있는 정성, 없는 정성을 다하여 섬기고도 인정받지 못하는 이유가 무엇인지를 바로 깨달을 수 있어야 하기 때문입니다.

너희 손으로 일하기를 힘쓰라

이 한마디를 하기 위하여 바울은 편지의 긴 문장을 통하여 데살로니가교회의 성도들을 칭찬하였습니다. 물론 주의 강림과 죽은 자의 부활과 종말 시대를 사는 성도들의 자세에 대한 내용들이 이어지지만 데살로니가전후서를 통하여 정말 바울이 하고 싶은 권면이 바로 이 말이었던 것으로 보입니다.

바울은 이 편지를 쓰기 이전에도, 아니 데살로니가 지방에 머물렀던 그 3주 동안에도 이 사실을 강조한 것으로 보입니다. "우리가 너희와 함께 있을 때에도"라는 데살로니가후서의 내용을 보면 그렇습니다.

우리가 너희와 함께 있을 때에도 너희에게 명하기를 누구든지
일하기 싫어하거든 먹지도 말게 하라 하였더니(살후 3:10)

데살로니가전서에 지금까지 나타난 바울의 권면을 요약하면, 4장 3절
에서 '음란'의 문제를 이야기하다가 4장 9절에 와서는 '형제 사랑'을 교훈
합니다. 그리고 11절에 별안간 "너희 손으로 일하기를 힘쓰라."고 권면
합니다.

완곡한 표현을 쓰고 있지만 데살로니가의 지역적인 문제가 교회 안에
아직 남아 있었기 때문일 것입니다. 아무런 문제가 없는데도 불구하고
이러한 문제들을 제기하지는 않았을 것입니다. 특히 이어지는 재림의 문
제와 연관시켜 볼 때에 데살로니가교회 성도들 중에는 그리스도의 다시
오심에 대한 오해나 그릇된 판단으로 방종과 무절제한 생활은 물론 무위
도식하는 사람이 많았을 것입니다.

한때 한국 교회는 시한부 종말론자들로 인하여 큰 어려움을 겪은 적이
있습니다. 재산을 팔아 교주에게 갖다 바치는가 하면, 자라는 학생들에
게 수업을 중단하게 하고, 다니던 직장을 그만 두고 산속으로 들어가 주
의 재림을 기다린다고 하면서 교회를 소란하게 하기도 했습니다.

성경의 가르침은 그렇지 않습니다. 어느 때에 오실는지 알 수 없지만
항상 깨어 있어야 하며, 오늘 밤에 주님께서 오신다고 할지라도 마지막
까지 주어진 일을 다하며, 당장 지구의 종말이 와도 사과나무를 심어야
하는 것이 우주적인 종말을 바라보며 살아야 하는 올바른 신앙인들의 자
세일 것입니다.

결국 외인에 대하여 덕을 세워야 하므로

본문의 '외인'이라 함은 유대인들이 이방인들을 지 칭하던 말입니다. 그러나 사도 바울은 그리스도인들이 비기독교인을 가 리킬 때, 이 표현을 자주 사용합니다(엡 2:11-19).

궁극적으로 모든 그리스도인의 삶의 목적은 '하나님께 영광'을 돌리는 것입니다. 그리스도인 스스로 하나님께 영광을 돌리는 찬송도 중요하지 만 이방인들의 입술을 통하여서도 하나님의 덕을 노래할 수 있게 하여야 합니다. 주님의 영광을 가리지 않기 위해서라도 그리스도인들은 그리스 도인답게 살아야 합니다. 그래서 성도들의 삶이 중요합니다.

> 외인에 대하여 단정히 행하고 또한 아무 궁핍함이 없게 하려
> 함이라(살전 4:12)

이 말씀은 아름다우면서도 모범적인 삶도 중요하지만 경제적으로도 핍절하지 않아야 한다는 것입니다. 게으르거나 무위도식함으로 비난을 받거나 당장 물질적인 문제로 외인들에게 구차함을 내보이는 일이 없도 록 근면해야 한다는 이야기입니다. 부지런하게 일함으로 궁핍한 성도들 이 되지 않도록 하라는 것입니다.

더 중요한 것은 이 일이 자신만을 위한 일은 아니라는 것입니다. 우리 들의 모범이 그들까지도 단정하게 만듭니다. 비위생적이고 초라하던 사 람들이 점차적으로 위생적인 생활 자세로 바뀌게 되는 것이나 문화적인

삶을 누리게 되는 것은 그들 주위의 성도들이 살아가는 삶을 통하여 영향을 받기 때문입니다.

선교지에서 얼마든지 볼 수 있는 광경입니다. 그날이 가까울수록 더욱 단정한 그리스도인이 되고, 궁핍하지 않는 복을 누림으로 이웃까지도 나날이 변화되는 아름다운 역사가 일어나게 되기를 기도합니다.

{ 선교를 위한 기도와 실천 과제 }

. . .

1. 세상에서도 칭찬하고 표창이나 상을 주는 것은 이를 장려하기 위한 것이
   지 그 자체를 목적으로 삼는 것은 아닙니다. 그리스도인들의 삶의 방향
   과 목적은 세상적인 일에 그치지 않습니다. 바울은 칭찬을 아끼지 않으
   면서도 독려하고 있습니다. 그 나름대로의 이유가 무엇인지를 확인해 봅
   시다.

2. 나의 사역이나 생활 중에 자랑하고 싶은 일들이 있다면 어떤 것입니까?
   더욱 증진시켜야 할 부분들이 있다면 그것이 무엇이며, 어떤 자세로 감
   당해야 할 것인지를 생각해 보고 정리해 봅시다.

3. 이웃을 위하여, 타인(외인)들을 위하여 반드시 하여야 할 일들 임에도 내
   가 감당하기 어려운 일들이 있을 것입니다. 나의 손으로 감당하라는 말
   씀의 의미를 바로 알고 깨달아 주님께 의지하고 의탁하며 기도합시다.

10. 자는 자들과 살아남은 자

- 읽을 성경: 데살로니가전서 4:13-18
- 외울 말씀: 우리가 예수께서 죽으셨다가 다시 살아나심을
  믿을진대 이와 같이 예수 안에서 자는 자들도 하나님이 그와
  함께 데리고 오시리라(살전 4:14)
- 부를 찬송: 180장(통 168장) "하나님의 나팔 소리"

본문 내용 읽기

1. 바울이 주의 강림과 죽은 자들의 부활에 대하여 데살로니가교회
   의 성도들에게 강론하는 이유가 무엇이라고 설명합니까?(13,
   18절)

2. 주님이 강림하실 그날에 우리 살아남은 자들이 죽은 자들보다 결

코 앞서지 못한다고(15절) 한 이유가 무엇입니까?(16절)

3. 주의 강림과 함께 성도들이 주를 영접하는 장면과 그 이후의 삶에 대하여 바울은 어떻게 설명하고 있습니까?(17절)

말씀 이해를 위하여

종말, 곧 말세의 성도들이 지켜야 할 일로서 서로 사랑할 것과 조용히 자기 일을 하되, 스스로 일하기를 힘쓰라고 완곡하게 부탁한 바울은 결코 죽음이 끝이 아니라는 사실을 분명히 합니다. 특히 성도의 죽음을 '자는 자'로 표현하며, 살아남은 자라고 해서 이들보다 더 나은 것이 없다는 점을 이야기합니다.

이 문제에 대해서 구태여 설명하는 이유는 종말의 문제가 데살로니가 교회 성도들의 관심사였기 때문이기도 하지만 당시 분위기가 이미 죽은 성도들이 그리스도의 재림 때에 살아 있는 성도들처럼 하나님의 영광에 참여할 수 있을 것인가에 대한 논란이 심하였기 때문입니다. 그래서 바울은 힘주어 말합니다.

우리가 주의 말씀으로 너희에게 이것을 말하노니 주께서 강림하실 때까지 우리 살아남아 있는 자도 자는 자보다 결코 앞서지 못하리라(살전 4:15)

실제로 동일한 내용을 예수님의 말씀 가운데서 찾기가 어렵습니다. 그래서 학자들은 "우리가 주의 말씀으로 너희에게 이것을 말한다."라고 한 것은 그가 특별히 받은 계시일 수도 있으나 주께서 그만큼 분명한 확신을 바울에게 주셨기 때문인 것으로 설명합니다.

자는 자들에 관하여 알아야 합니다

실제로 데살로니가전서의 주제 자체가 '주의 재림' 입니다. 그래서 1장에서도 "예수 그리스도에 대한 소망의 인내(3절)"와 "하늘로부터 강림"하실 예수(10절), 2장에서도 "너희를 부르사 자기 나라와 영광에 이르게 하시는 하나님(12절)", 소망과 기쁨과 면류관인 성도로 드러나는 때가 바로 "그가 강림하실 때"임을 강조하는 것(19절)이나, 3장의 "우리 주 예수께서 그의 모든 성도와 함께 강림하실 때(13절)" 등등의 표현이 이러한 사실을 이야기해 주는 것입니다.

그러나 바울이 데살로니가교회 성도들에게 이처럼 재림을 강조하는 이유가 있습니다.

첫째, 이들이 재림에 대한 혼돈과 오해가 많았기 때문입니다.

둘째, 재림에 대한 많은 관심으로 인한 논쟁이 심했습니다.

셋째, 바울이 3주 동안 데살로니가에 머물렀으나 주민들의 소동으로 갑자기 떠나게 되어 재림에 대한 내용을 깊이 있게 가르치지 못하였다는 자책감이 컸기 때문입니다.

형제들아 자는 자들에 관하여는 너희가 알지 못함을 우리가 원
하지 아니하노니 이는 소망 없는 다른 이와 같이 슬퍼하지 않
게 하려 함이라(살전 4:13)

데살로니가교회 성도들만이 아닙니다. 모든 그리스도인은 '자는 자
들', 곧 죽은 자들에 대하여 반드시 알아야 합니다. 그래서 바울은 "너희
가 알지 못함을 원치 않는다."라고 하는 것입니다.

이유는 우리의 죽음이 끝이 아니라는 것입니다. 그러므로 죽음을 두
고 소망이 없는 불신자들처럼 슬퍼하지 않아야 한다는 것이 바울의 관점
입니다.

따라서 죽음은 오히려 모든 그리스도인의 소망입니다.

예수 안에서 자는 자들과 그들의 부활

소요리문답은 성도들이 죽을 때에 그리스도로부터
받는 혜택을 이야기합니다.

신자들이 죽을 때에 그리스도로부터 받는 혜택은 그들의 영혼
이 완전히 거룩하여지며, 그 즉시로 영광에 들어가고, 그들의
육체는 그리스도와 연합된 그대로 부활 때까지 무덤에서 쉬게
되는 것입니다(소요리문답 37번).

죽음에서 그치지 않습니다. 모든 죽은 자가 부활합니다.

지금은 아가야 지방의 고린도에서 편지를 쓰고 있지만, 훗날 바로 이 고린도교회 성도들에게 보내는 첫 번째 편지에서 무려 58절에 이르는 분량으로 예수 그리스도와 성도들의 부활에 대한 내용을 글로 씁니다(고린도전서 15장, 부활장).

먼저 쓴 이 본문에서도 "예수께서 죽으셨다가 다시 살아나심을 믿을진대 이와 같이 예수 안에서 자는 자들도 하나님이 그와 함께 데리고 오시리라(살전 4:14)."고 선언합니다.

죽음과 함께 부활을 통하여 그리스도인들은 완벽한 혜택을 누리게 됩니다.

> 신자들이 부활 때에 누리게 될 혜택은 영광 중에 일으킴을 받아서 심판 날에 신자임을 공적으로 인정을 받고, 무죄의 선고를 받으며, 영원토록 하나님을 흡족하게 즐거워하는 완전한 복을 받습니다(소요리문답 38번).

이 일이 주님의 강림으로부터 시작됩니다

본문은 예수 그리스도의 재림하시는 장면을 표현합니다. 호령과 천사장의 소리와 하나님의 나팔 소리와 함께 친히 하늘로부터 강림하십니다. 하나님께서 친히 나팔을 부신다는 것이 아니고, 하나님의 나팔을 천사들이 부는 것으로 학자들은 주석하지만 이 모습은 그만큼 장엄한 광경을 묘사하기 위한 것으로 보입니다.

예수님께서도 친히 이 장면을 이야기하셨습니다.

> 그때에 사람들이 인자가 구름을 타고 능력과 큰 영광으로 오는 것을 보리라(눅 21:27)

물론 마태(마 26:64)나 마가(막 14:62)도 예수님이 하신 이 말씀을 기록으로 남겼습니다. 주님이 친히 강림하실 그때에 "그리스도 안에서 죽은 자들이 먼저 일어납니다(살전 4:16 하반절)."

그 후에 일어날 사건은 더욱 감동적입니다. 소위 '휴거'라고 불리는 엄청난 사건입니다.

본문(살전 4:17)은 공중으로 들림을 받는 성도들의 모습을 가장 잘 설명하고 있습니다.

> 그 후에 우리 살아남은 자들도 그들과 함께 구름 속으로 끌어 올려 공중에서 주를 영접하게 하시리니 그리하여 우리가 항상 주와 함께 있으리라(살전 4:17)

주님의 재림으로부터 시작된 신자들의 부활로 '잠자는 자들이 그리스도의 강림을 영광스럽게 맞는 첫 번째 참여자가 됩니다. 그래서 바울은 "주께서 강림하실 때까지 우리 살아남아 있는 자도 자는 자보다 결코 앞서지 못하리라(살전 4:15 하반절)."고 이야기한 것입니다. 물론 살아남아 있는 자들도 재림하시는 주님을 맞이합니다. 그들과 함께 구름 속으로 끌어올리십니다. 바로 휴거의 영광을 누립니다. 그래서 공중에서 주님을 영접합니다. 더 중요한 것은 그 이후 우리가 항상 주님과 함께 영원한 그 나라에 거하게 되는 것입니다.

그러므로 이러한 말로 서로 위로하라

데살로니가전서는 칭찬과 격려, 그리고 교훈으로 기록되어 있습니다. 좋은 소문에 대한 바울의 칭찬은 자신의 자랑이요, 면류관이라고 말하고 있습니다. 그래서 더더욱 부족한 부분에 대한 지적과 가르침이 더 필요하였는지도 모릅니다.

특히 본문은 예수 그리스도의 재림과 함께 이루어지는 죽은 자의 부활과 하늘로 들림을 받는 남은 성도들에 대한 휴거가 중심 내용입니다.

중요한 것은 그 시기입니다. 물론 예수님은 "그날과 그때는 아무도 모르나니 하늘에 있는 천사들도 아들도 모르고 아버지만 아시느니라(막 13:32; 마 24:36)."고 말씀하셨습니다.

바울은 이러한 주님의 말씀에 대한 구체적인 내용을 다음 5장에서 기록합니다. 그러나 아무리 영광스럽고, 미래에 대한 약속이 분명한 '죽음'이라고 할지라도 산 자들에게는 '이별' 자체가 슬픔입니다. 그래서 바울은 "이러한 말로 서로 위로하라(살전 4:18)."고 권면합니다.

{ 선교를 위한 기도와 실천 과제 }

· · ·

1. 죽음은 참으로 슬픈 일입니다. 죽음은 분리를 이야기합니다. 우리는 '육체적인 죽음'인 육체와 영혼과의 분리만을 슬퍼합니다. 우리가 더 무서워하고 슬퍼하여야 할 죽음은 '영적인 죽음'입니다. '영적인 죽음'은 하나님과의 단절이며, '영원한 죽음'으로 이어지기 때문입니다. 바울이 말하는 바대로 우리가 '소망이 없는 자들'과 다른 이유가 무엇인지 구체적으로 이야기해 봅시다.

2. 종말의 징조에 대한 예수님의 교훈(막 13:3-23)을 확인하고, "구름을 타고 오실" 주님(막 13:26)의 재림 장면을 본문 17절 말씀과 연관하여 그를 맞이하게 될 우리들의 모습을 생각하며 우리 자신을 돌아봅시다.

3. 성도들이 초상집을 방문하게 될 때에 소망 없는 자들과 다른 점이 무엇이며, 그리스도인의 문상 예절이 어떠하여야 하는지 알아봅시다.

11. 그날이 도둑같이 임하리니

- 읽을 성경: 데살로니가전서 5:1-8
- 외울 말씀: 주의 날이 밤에 도둑같이 이를 줄을 너희 자신이
  자세히 알기 때문이라 그들이 평안하다, 안전하다 할 그때
  에 임신한 여자에게 해산의 고통이 이름과 같이 멸망이 갑자
  기 그들에게 이르리니 결코 피하지 못하리라(살전 5:2-3)
- 부를 찬송: 179장(통 167장) "주 예수의 강림이"

본문 내용 읽기

1. 그날의 때와 시기가 우리들에게와 그들에게 다른 이유를 바울은
   어떻게 설명하고 있습니까?(5절)
2. 그날이 가까울수록 빛과 낮의 아들인 우리들이 그들과 달리 어떻

게 하라고 교훈하고 있습니까?(6절)

3. 낮에 속한 우리들이 영적으로 무장하여야 할 구체적인 방법을 확
인해 봅시다.(8절)

말씀 이해를 위하여

4장에 이어 5장은 그때와 시기에 대한 이야기로 시
작됩니다. 바울이 궁극적으로 말하고 싶어 하는 교훈입니다.

그러나 막상 그때를 이야기하려고 해도 '쓸 것이 없다.'라고 선언합니
다. 이유는 "주의 날이 밤에 도둑같이 이를 줄을" 데살로니가교회 성도
들도 자세히 알기 때문입니다(살전 5:2). 그럼에도 불구하고 바울이 주의
재림에 대한 교훈에 초점을 맞춘 것은 이들이 '주의 날'에 대하여 기본적
인 것은 알고 있지만, 아는 것과는 달리 그 내용에 대한 확신이 결여되어
있기 때문입니다.

어쩌면 꼭 오늘날 우리들의 모습과 유사합니다. 지식적으로는 자세히
알지만 아는 것과는 달리 마음도 행위도 이에 따르지 못하고 있습니다.

때와 시기

우리말로 '때'와 '시기'는 같은 말입니다. 그러나 본

문의 헬라어는 그 의미가 다른 말로 표현했습니다.

물론 두 단어 모두 시간을 가리키는 단어입니다. 그러나 때라는 단어는 크로노스(Χρόνος)로, 시기라는 말은 카이로스(Χαιρός)로 표기하였습니다. 우리말로 쉽게 표현하면 크로노스는 일반적인 '시간', 카이로스는 주어진 기회를 의미하는 '시기'로 번역하지만 실제적으로는 매우 다른 의미를 가지고 있습니다.

신학적으로는 하나님과 관계된 구속사적 시간을 카이로스(Kairos)라 하고, 다른 하나는 물리적 시간이나 세속적 시간으로 크로노스(Chronos)라고 해석합니다. 가끔 이 두 단어를 구분하여 설명하느라 크로노스는 끝없이 지나가며 목적 없이 흘러만 가는 시간으로, 카이로스는 하나님의 시간이라고 이야기함으로 크로노스는 별개의 것으로 생각하지만 그것은 잘못된 생각입니다. 하나님은 모든 시간의 주인이시기 때문입니다. 다만 크로노스라는 시간을 카이로스로 알고 모든 시간을 하나님의 시간으로 알고 의미 있게 사용하며, 주어진 시간의 뜻을 발견하고 그 목적대로 사는 것이 중요합니다.

'카이로스'를 '하나님의 때'로 번역함으로 구원 역사와 신앙과 연계된 시간으로 이야기하는 것은 우리말로 '때가 꽉 찼다.'라는 종말적인 의미가 강한 절대적인 시간임을 강조하기 위한 것으로 보입니다. 그러나 이 단어의 헬라적인 유래를 알 필요가 있습니다.

'카이로스'는 성경 용어이지만 본래 고대희랍 신화의 제우스 아들의 이름입니다. '기회'라고 불리는 카이로스는 앞머리는 무성하지만 뒷머리가 대머리입니다. 더구나 어깨와 발목에는 날개가 붙어 있는 모양부터가

참 기괴합니다. 그러므로 기회는 앞에 왔을 때 잡아야 한다는 것입니다. 지나가면 잡을 수 없습니다. 발목에도 날개가 달려 있습니다. 놓치면 바람처럼 사라집니다.

그래서 교훈적으로 우리에게 주어진 매 순간마다 주를 바라보며 카이로스의 삶을 살아야 하는 것입니다. 지나가는 크로노스의 시간을 카이로스의 시간으로, 의미 없이 지나가는 세상적인 시간을 하나님 나라를 위한 시간으로 바꿔야 한다는 것입니다.

그래서 성도들은 바른 '절기 신앙'을 가지되, 그리스도인들의 삶이 경건해야 한다는 것입니다. 일단 요단강을 건너가면 돌이킬 수 없기 때문입니다.

갑자기 그들에게 멸망이 임하리니

도둑같이 임하게 될 그날은 '주의 날'입니다. 구약성경에서는 이날을 '여호와의 날'이라고 선포합니다. 이날을 '심판의 날'로, 혹은 '진노의 날'로 선언하지만 선민에게는 '공의의 날', '구원의 날'로 선포합니다. 그리고 신약성경에서는 분명히 이와 같은 구약성경의 의미를 포함하면서도 우리 주님께서 다시 오시는 '재림의 날'입니다.

본문은 그날이 "밤에" "도둑같이" 임한다는 것입니다. 갑자기, 생각도 못한 그날에, 그래서 어둠에 속한 사람들은 피할 겨를도 없이 임합니다. 소돔과 고모라 사람들이 다음 날에 어떤 일이 일어날지도 모르다가 불과

유황불로 심판을 받은 것처럼, "평안하다, 안전하다 할 그때에 …."

> 그들이 평안하다, 안전하다 할 그때에 임신한 여자에게 해산
> 의 고통이 이름과 같이 멸망이 갑자기 그들에게 이르리니 결코
> 피하지 못하리라(살전 5:3)

'임신한 여자'의 해산에 대한 비유는 '재림의 돌발성'이라고 하기에는 다소 해석의 문제가 있습니다. 예정일이라는 것이 있기 때문입니다. 오히려 '해산의 고통'을 강조하는 것으로 보아야 합니다. 극심한 고통이 별 안간 임함과 같이 '주의 날'도 그렇게 임할 것입니다.

그러나 너희는 어둠에 있지 아니하매

세상 사람들과 구별하여 '형제들'이라는 표현을 썼 습니다. "형제들아 … 그날이 도둑같이 너희에게 임하지 못하리니(살전 5:4)." 이렇게 그들과는 다릅니다. 이유를 밝힙니다.

> 너희는 다 빛의 아들이요 낮의 아들이라 우리가 밤이나 어둠에
> 속하지 아니하나니(살전 5:5)

영적으로 무지한 사람들과는 다르기 때문에, 어둠에 속하여 죄와 음

란과 부도덕함에 빠져 사악한 일을 저지르는 사람들과는 구별되기 때문이라는 의미입니다.

낮과 밤, 빛과 어두움을 비교해 가면서 데살로니가교회 성도들을 격려하는 것은 그날이 가까울수록 깨어 있어야 함을 강조하기 위해서입니다. 잠을 자는 밤과는 달리 게으름을 피우지 아니하고 부지런히 주어진 일을 감당하여야 함을 교훈하려는 것입니다.

다른 이들과 같이 자지 말고 오직 깨어 정신을 차릴지라

직설적입니다. 자지 말라! 깨어 있으라! 정신을 차려라! 그릇된 종말관에 빠져서는 안 된다는 것을 교훈하면서도 주의 재림을 기다리는 성도의 자세를 가르쳐줍니다.

자는 자들은 밤에 잡니다. 그러나 지금은 낮입니다.

취하는 자들도 밤에 취합니다. 지금 우리들은 빛 가운데 거하는 자들입니다. 우리는 낮에 속한 사람들입니다.

우리는 낮에 속하였으니 정신을 차리고 믿음과 사랑의 호심경
을 붙이고 구원의 소망의 투구를 쓰자(살전 5:8)

훗날 바울은 로마의 감옥에서 에베소교회 성도들에게 편지를 씁니다. 주님의 몸된 교회에 대하여 교훈한 다음 종말을 기다리는 성도들에게

"하나님의 전신갑주를 입으라."고 명령합니다. 그날이 가까울수록 마귀의 간계가 따르기 때문입니다.

그래서 바울은 이 전쟁을 혈과 육을 상대하는 것이 아니라 어둠의 세상을 주관하는 자들과 하늘에 있는 악한 영들을 상대하는 전쟁이라고 하였습니다(엡 6:11-12). 진리의 허리띠, 의의 호심경, 평안의 복음의 신발 그리고 믿음의 방패와 구원의 투구, 성령의 검 곧 하나님의 말씀을 가지라고 교훈합니다(엡 6:13-17).

본문도 요약한 문장일 뿐 내용은 동일합니다. 믿음과 사랑의 방패와 구원과 소망의 투구를 써야 합니다. 늘 깨어 근신하는 가운데 영적인 승리자가 되는 나날을 살아야 합니다.

{ 선교를 위한 기도와 실천 과제 }

· · ·

1. 밤의 도둑같이, 임신한 여자에게 해산의 고통이 이름과 같이 임하게 될 그날이지만 우리가 사는 이 시대에 어떠한 종말의 징조들이 나타나고 있는지 의논해 봅시다.

2. 자지 말고 깨어 있어, 정신을 차려야 할 구체적인 내용들을 확인하고 이를 위하여 나 자신을 돌아보며 기도합시다.

3. 믿음과 이웃에 대한 사랑의 호심경, 그날을 바라보는 구원의 소망을 위하여 당장 해야 할 일이 무엇인지를 선교적인 관점에서 정리해 봅시다.

12. 하나님이 우리를 세우셨으니

□■□

- 읽을 성경: 데살로니가전서 5:9-11
- 외울 말씀: 예수께서 우리를 위하여 죽으사 우리로 하여금 깨어 있든지 자든지 자기와 함께 살게 하려 하셨느니라 그러므로 피차 권면하고 서로 덕을 세우기를 너희가 하는 것 같이 하라(살전 5:10-11)
- 부를 찬송: 455장(통 507장) "주님의 마음을 본받는 자"

□■□

본문 내용 읽기

1. 하나님께서 우리를 부르시고 세우신 목적은 무엇입니까?(9절)

2. 예수님께서 우리를 위하여 죽으신 이유를 본문은 무엇 때문이라고 설명합니까?(10절)

3. 그러므로 우리들은 이웃과의 관계에서 어떻게 살아야 합니까?(11절)

말씀 이해를 위하여

"하나님이 우리를 세우셨다!"라는 이 말씀 안에는 기독교의 구원론이 요약되어 있습니다.

"소년이라도 피곤하며 곤비하며 장정이라도 넘어지며 쓰러지되(사 40:30)" 하나님은 "피곤한 자에게는 능력을 주시며 무능한 자에게는 힘을 더하시는(사 40:29)" 분이십니다. 넘어지며 자빠짐으로 구원받지 못할 우리들을 세우신 분이십니다.

기독교의 구원은 인간의 선행이 아니라 성경은 "그의 피로 말미암아 의롭다 하심을 받았으니(롬 5:9)" "누구든지 주의 이름을 부르는 자는 구원을 받으리라(롬 10:13)."고 선언합니다. 구원은 온전히 하나님 편에서 이루어 주신 것입니다. 그래서 구원은 전적으로 하나님의 은혜로 말미암습니다.

본문 9절은 이 사실을 먼저 확인합니다.

하나님이 우리를 세우심은 노하심에 이르게 하심이 아니요 오직 우리 주 예수 그리스도로 말미암아 구원을 받게 하심이라

(살전 5:9)

하나님이 세워 주셨습니다. 그래서 구약 시대의 선지자인 이사야도 이와 같이 세움을 받은 자를 "여호와를 앙망하는 자는 새 힘을 얻은 자"로 표현하며 "독수리가 날개 치며 올라감 같을 것이요 달음박질 하여도 곤비하지 아니하겠고 걸어가도 피곤하지 아니하리로다(사 40:31)."라고 선언합니다. 이미 우리의 영혼이 사냥꾼의 올무에서 벗어난 새와 같기 때문입니다. 하나님의 은혜로 벌써 올무가 끊어지므로(시 124:7) 우리 모두는 죽음과 사망에서 벗어났기 때문입니다.

> 이는 그가 너를 새 사냥꾼의 올무에서와 심한 전염병에서 건지
> 실 것임이로다(시 91 : 3)

하나님의 노하심에 이르지 않게 하시기 위하여

우리는 '본질상 진노의 자녀'들입니다(엡 2:3). 그러나 하나님의 뜻은 우리들이 진노와 심판의 자리에 머무는 것을 원하지 아니하십니다.

그래서 데살로니가교회 성도들에게도 "하나님의 뜻은 이것이니 너희의 거룩함이라(살전 4:3)."고 선언하며, 하나님의 부르심을 받은 성도들은 그의 거룩함을 저버리지 말고, 그의 성령을 너희에게 주신 하나님을 저버리지 말라고 권고합니다(살전 4:7-8).

본문에서 강조하는 것은 하나님께서 우리를 세우심은 '노하심에 이르

게 함이 아니요(살전 5:9)', 그래서 "예수께서 우리를 위하여 죽으사(살전 5:10)"라고 말씀하십니다. 자기를 낮추시고 죽기까지 복종하셔서 십자가에 죽으심(빌 2:6-9)이 기독교 복음의 핵심입니다.

바울은 데살로니가교회 성도들에게 이 사실을 다시 한번 확인합니다. 그리고 이렇게 우리를 위하여 죽으시고, 우리를 세우시고, 구원하심은 우리로 하여금 "깨어 있든지 자든지 자기와 함께 살게 하려(살전 5:10 하반절)" 하심이 목적이라는 사실을 교훈합니다.

자기와 함께 살게 하려 하시려고

복음의 궁극적인 목적은 '하나님 나라'입니다. 우리들을 하나님 나라의 백성으로 부르시고 친히 우리들과 함께하시려는 것입니다.

신구약성경을 관통하는 핵심이 바로 이 '임마누엘'의 신앙입니다. 6일 동안 말씀으로 천지를 창조하신 하나님은 그 마지막 날에 그의 형상대로 인간을 만드십니다. 그와 교제하며 함께하시기 위함입니다.

그런데 인간은 유혹에 빠져 하나님의 말씀에 불순종하되 하나님을 피하여 숨어버립니다. 범죄한 인간들이지만 하나님은 인간을 아주 버리지 아니하십니다. 함께하기를 원하셨기 때문입니다.

홍수 시대에 노아와 함께하신 하나님은 아브라함에게도(창 21:22), 이삭에게도(창 26:24) 그리고 야곱에게도(창 28:15) 함께하심을 보여 주고 함께하시겠노라고 약속하셨습니다.

보디발의 가정에서 노예생활을 하며 억울한 누명으로 옥에 갇히게 된 요셉에게도(창 39:2, 3; 23), 팔순의 나이에 부름을 받은 모세에게도(출 3:12), 가나안 정복의 지도자인 여호수아나(수 1:5, 9) 자격이 없노라고 핑계하는 기드온에게도(삿 6:16) 하나님은 똑같은 약속을 하셨습니다.

우리는 이사야에게 약속하신 말씀을 기억합니다.

두려워하지 말라 내가 너와 함께 함이라 놀라지 말라 나는 네 하나님이 됨이라 내가 너를 굳세게 하리라 참으로 너를 도와주리라 참으로 나의 의로운 오른손으로 너를 붙들리라(사 41:10)

나는 아이라 말을 할 줄을 모른다(렘 1:6)라는 예레미야에게도 "내가 너와 함께하여 너를 구원하리라(렘 1:8)."고 친히 말씀하십니다.

그 정점은 하나님이 친히 사람의 몸을 입고 이 땅에 오신 예수 그리스도의 이유와 목적에서 드러납니다.

임마누엘(God with us, 마 1:23)!

그가 우리에게 오심은 우리들과 함께하시기 위함입니다. 그가 우리에게 보내실 성령님도 '영원토록' 우리와 함께하시기 위함이라고 하셨습니다(요 14:16). 열두 제자를 부르신 이유도 "자기와 함께 있게 하시고(막 3:14)", 마지막에 파송 명령(Great Commission)을 통해서도 "내가 세상 끝 날까지 너희와 항상 함께 있으리라(마 28:20)."고 약속하십니다.

장차 우리가 가게 될 영원한 하나님 나라도 그가 함께하시는 나라입니다. 그의 장막이 우리와 함께 있으며, "하나님이 그들과 함께 계셔서(계 21:3)" 그 나라는 눈물이 없고, 사망이나 애통하는 것이나 곡하는 것이나 아픈 것들이 다시 있지 않습니다(계 21:4).

사도 바울이 데살로니가교회 성도들에게 설명하는 것도 하나님께서 우리들을 세우신 것은 하나님이 우리와 함께 살게 하려 하심이라는 것입니다.

그가 우리와 함께하심으로 우리들도

하나님께서 함께하시는 성도들! 하나님께서 친히 우리들과 동행하고 계시는 지금, 우리들의 모습은 어떠합니까?

"내가 너와 함께 한다."라고 하시며 "두려워하지 말라.", "담대하라." 고 하신 말씀들을 기억하여야 합니다.

더구나 오늘 바울은 "피차 권면하라."고 합니다. "서로 덕을 세우라." 고 부탁합니다. 인색하거나 옹졸하거나 편협한 삶을 사는 것은 주님과 함께 살아가는 그리스도인의 모습이 아닙니다. 참된 그리스도인, 진실한 신앙인이라면 피차 위로하고 격려하며, 권면할 수 있어야 합니다.

기독교상담학에서는 처음 신앙을 가진 새 신자들에게는 칭찬과 위로 가 필요하다고 이야기합니다. 이것을 ① '격려 상담'이라고 합니다. "서로 돌아보아 사랑과 선행을 격려하며 모이기를 폐하는 어떤 사람들의 습관과 같이 하지 말고 오직 권하여 그날이 가까움을 볼수록 더욱 그리하자(히 10:24-25).″라는 바로 이 말씀에 근거한 것입니다.

그리고 사람을 세우는 일을 목적으로 ② '권면 상담'을 이야기합니다. '그리스도 안에서 완전한 자로 세우기 위한 상담'이라고 합니다.

> **우리가 그를 전파하여 각 사람을 권하고 모든 지혜로 각 사람**
> **을 가르침은 각 사람을 그리스도 안에서 완전한 자로 세우려**
> **함이니**(골 1:28)

그러나 이것으로 부족합니다. 단순한 격려나 권면이 아니라 훈련이 필요하다는 것입니다. 우리는 이것을 '제자 훈련'이라는 말로 표현하지만 '그리스도 안에서의 성경적 인격 변화'가 목적이므로 전문용어는 ③ '교화 상담'이라고 부릅니다.

교화 상담의 근거로 제시된 말씀이 모두 '데살로니가전서'에 나옵니다. 바울은 데살로니가교회 성도들을 유모처럼 양육하였고(살전 2:7), 사랑하였으며(살전 2:8), 남에게 폐를 끼치지 않았을 뿐만 아니라(살전 2:9) 흠이 없는 삶(살전 2:10), 불의와 타협하지 않는 자리에(살전 2:11-12) 이르게 하여야 한다는 것입니다.

성도들에게 가장 필요한 것은 단순한 '준법정신'이 아닙니다. 율법 준수가 구원의 조건이 아니라는 것이 기독교의 신앙의 핵심입니다. 법을 초월합니다. 도덕과 윤리와 철학과 전통을 초월한 하나님의 사랑입니다. 안타까운 것은 여전히 세상의 법이나 교회 안의 법에 사로잡힌 것은 아직도 하나님의 사랑에 대한 온전한 믿음이 부족하기 때문입니다.

그래서 바울은 끊임없이 '건덕(健德) 생활'을 강조합니다. 스스로 덕을 세워나가야[建德] 합니다. 바울은 데살로니가교회 교인들에게 "너희가 하는 것같이 하라(살전 5:11 하반절)."고 칭찬하며 권면합니다.

민음이 강한 우리가 믿음이 약한 자의 약점을 감당하는 일은 마땅한 일이며, 우리 자신보다 이웃을 기쁘게 함으로 선을 이루는 것이 바로 건덕 생활의 기준입니다(롬 15:1-2).

{ 선교를 위한 기도와 실천 과제 }

• • •

1. 예수 그리스도께서 우리를 부르시고 세우심은 노하심에 이르는 것이 아니고 구원에 이르게 하기 위함입니다. 우리가 노하심에 이르지 아니하고 구원을 받게 된 조건과 방법을 확인합시다.

2. 그러나 우리가 구원을 받고 은혜를 입었으면 입었을수록 이제 우리들은 누구와 함께 하는 성도들이 되어야 합니까?

3. '덕을 세운다.'라는 말씀의 뜻을 다시 한번 확인하고 이와 같은 삶을 살기 위하여 자신의 각오와 다짐을 적어보고 이를 위하여 기도합시다.

13. 성도의 기본적인 삶

- 읽을 성경: 데살로니가전서 5:12-22
- 외울 말씀: 항상 기뻐하라 쉬지 말고 기도하라 범사에 감사하라 이것이 그리스도 예수 안에서 너희를 향하신 하나님의 뜻이니라(살전 5:16-18)
- 부를 찬송: 420장(통 212장) "너 성결키 위해"

본문 내용 읽기

1. 성도들을 위하여 수고하고 주 안에서 다스리며, 권하기도 하는 지도자들과의 관계에서 지도자나 성도들의 관계가 어떠해야 한다고 교훈하고 있습니까?(12-13절)
2. 다양한 성격의 사람들과의 관계 속에서 우리들이 취하여야 할 자

세에 대하여 바울은 어떻게 대하여야 한다고 권면하고 있습니까?(14-15절)

① 게으른 자 ② 마음이 약한 자 ③ 힘이 없는 자

④ 그 외 모든 사람

3. 믿음의 사람들이 살아감에 있어서 언제나 그리스도 예수 안에서 우리를 향하신 하나님의 뜻을 이루어 가야 합니다. 바울이 교훈하는 그리스도인의 삼대 생활지침을 확인합시다.

말씀 이해를 위하여

성도들에게 있어서 삶의 목적은 거룩해져 감에 있습니다. 성결해야 합니다. 재림의 문제와 교회에서의 '건덕(建德) 생활'을 이야기한 바울은 성도들의 실제적인 생활에 대한 교훈으로 이어집니다.

"형제들아 우리가 너희에게 구하노니(12절)", "형제들아 너희를 권면하노니(14절)"로 시작되는 그의 권면은 첫째, 그들을 위하여 수고하고 다스리는 자들에 대한 자세, 둘째는 이웃들에 대한 관계를 이야기한 다음, 셋째로는 하나님 앞에서 "그리스도 예수 안에 있는(18절)" 성도가 가져야 할 기본적인 자세를 교훈합니다.

'그리스도의 재림을 기다리는 성도들에 대한 교훈'이 이 서신의 목적이라면 편지의 마지막 부분인 본문이 비록 '성도들의 일상생활'에 대한 권면이라 하나 실제적으로는 '성도들의 기본적인 삶'을 가르치는 부분이

라 할 수 있습니다.

영적인 지도자들

　　　　　　　　성도들이 대하여야 할 영적인 지도자들에 대한 교
훈이지만 은연중에 교회의 지도자들이 해야 할 일이 무엇인지를 가르쳐
줍니다.

> **너희 가운데서 수고하고 주 안에서 너희를 다스리며 권하는 자**
>
> **들을 너희가 알고**(살전 5:12)

분명히 데살로니가교회 성도들에게 너희의 지도자들이 어떤 이들인
지를 알아야 한다는 가르침이지만, 이 성경을 읽는 영적인 지도자들에게
는 자신들이 할 일이 무엇인지를 깨닫게 해 주는 구절입니다.

첫째, '수고하는 자들'입니다.

하나님 나라를 위하여 '사랑의 수고(살전 1:3)'를 아끼지 않는 자들입니
다. 주의 복음을 위하여 수고하는 자들(갈 4:11), 교회를 위하여 힘을 다
하는(골 1:29) 자들입니다.

둘째, '다스리는 자들'입니다.

당시의 표현대로 하면, '감독'입니다(딤전 3:1). '보살피는 자'입니다. '돌보는 자'입니다. 오늘날은 '치리(治理)'라는 말을 씁니다. 이치에 맞게 다스린다는 뜻이지만 '통치'라는 말로 대신하는 것은 실제보다 강한 인상을 주지만 교회 안에서도 그 기준을 교리에 두고 책벌을 강조하는 것은 본래적인 용어의 개념과는 거리가 있습니다. 직분으로 말하면, 오늘날의 '장로'를 지칭하는 말입니다.

셋째, '권하는 자들'입니다.

교회 구성원들의 잘못된 생각을 시정해 주고, 바른 도리를 깨닫도록 가르치는 일들을 하는 이들을 말합니다. 교사와 같은 직분을 말하지만 구태여 '교사'라고 지칭할 수는 없습니다. 양육자, 구역장, 심지어 동료들까지도 서로 권하여 바른 길로 가도록 좋은 말로 위로하고, 격려하고, 교훈하는 것이 꼭 필요하기 때문입니다.

지도자들을 대하는 성도의 자세

본문에서 바울이 강조하려는 것은 누가 영적인 지도자인가를 이야기하려는 것이 아니고 이러한 자들에 대한 성도들의 자세를 교훈하려는 것입니다.

너희가 알고 그들의 역사로 말미암아 사랑 안에서 가장 귀히

여기며 너희끼리 화목하라(살전 5:12-13)

첫째, 알아야 합니다

본문의 '알고'는 단순한 앎을 이야기하지 않습니다. 헬라어 '에이데나이(εἰδέναι)'는 "평가하다"라는 뜻도 있지는 "그 가치를 바로 알고 인정함" 혹은 "존경하며 받든다."라는 의미를 가지고 있습니다.

그들의 영적인 권위를 인정하여야 합니다. 권위주의는 배격하지만 '권위'의 존중은 반드시 필요합니다.

둘째, 사랑 안에서 귀히 여겨야 합니다.

항간에 "있을 때 잘해! 후회하지 말고."라는 말이 유행한 적이 있습니다. 물론 부부나 가족관계에서, 친구나 동료들을 생각할 수도 있지만 영적인 부문에서도 마찬가지입니다. 흐르는 물과 같아서 받아들이면 고이지만 방해하면 비켜갑니다. "사랑 안에서" 그것도 "가장" 귀히 여기라는 교훈을 되새겨 보아야 합니다.

12절의 '안다'라는 의미와 같은 뜻을 가지고 있지만 이와 같은 단서를 붙여가며 강조하는 이유를 알아야 합니다. 인정하는 정도가 아니라 순종하고 받아들이라는 의미가 포함되어 있기 때문입니다.

마지막으로 '화목하라'는 교훈입니다.

학자에 따라서는 앞서 12절의 말미가 지도자에 대한 부분인 것처럼 이 교훈도 14절에 관계된 부분이라고 주장하기도 합니다. 영적인 지도

자에 대한 교훈이 아니라 성도들 상호간에 서로 화목해야 함을 이야기하는 것으로 보아야 한다는 것입니다.

그럴 수 있습니다. 그러나 14절은 다시 "또 형제들아"로 시작합니다. 당시 아름다운 소문으로 가득한 데살로니가교회는 그런 일이 없었겠지만 바울은 아직도 불완전한 사람들이 모인 교회에 대하여 '불화의 위험성'을 예견한 것이 아닌가 여겨집니다. 교회 지도자들과의 갈등으로 고통을 겪고 있는 교회들이 즐비한 오늘의 현실에서 볼 때에 더욱 그렇습니다.

성직자 간의 불화와 목회자와 평신도 대표들 간의 갈등, 지도자들의 비리와 성도들 간의 불신으로 교회들이 무너지고 있습니다. "너희끼리 화목하라."는 교훈은 성도들만의 문제가 아닙니다. 영적인 지도자들과 이들을 대하는 성도들에 대한 교훈임이 분명합니다.

이웃, 곧 성도들 간의 관계에서

특별히 본문은 세 부류의 동료들에 대하여 성도들이 감당해야 할 일들을 권면합니다.

첫째, 게으른 자들에 대한 교훈입니다.
지도자들에게 대한 자세로 '구한다'라는 말보다 더 강력한 한 용어를 사용합니다. "권면하노니"라고 하는 말은 권고의 강도를 더 높인 표현입니다. '게으른 자'라는 말의 의미를 분명히 하려면 이전 번역을 참고해야 합니다. "규모가 없는 자들"이라고 번역되어 있습니다.

교회의 질서를 어지럽히고 대열을 이탈한 사람들을 지칭하는 말입니다. 교회의 기본적인 규율에 불복하는 자를 말합니다. 적어도 성도들의 의무인 주일성수(1/7)와 봉헌(1/10), 전도(1/100)와 봉사(1/1000)의 일을 게을리 하는 사람들을 지적하는 말씀일 것입니다.

'권계'하라고 명령합니다. '권하여 징계하라.'는 이야기입니다. 치리하라는 말입니다. 경고해야 합니다. 이것이 자유롭지 못한 교회가 진정한 교회인지 숙고해 보아야 합니다.

둘째, 소심한 자, 마음이 약한 자, 낙심한 자들에 대한 자세입니다.

불안해하는 자들입니다. 격려해야 합니다. 때로는 칭찬으로 용기를 주어야 합니다. 게으른 자들과는 구별이 됩니다. 이것이 분별되지 않으면 곤란합니다.

셋째, "힘이 없는 자들을 붙들어 주라."고 합니다.

게으르지 않습니다. 마음이 약한 자가 아니라 능력이 미치지 못합니다. "붙들어 주라."는 말은 "튼튼하게 양육하라."는 뜻입니다. 너희 강한 자가 마땅히 연약한 자들의 약점을 담당하라는 바울의 교훈을 기억할 필요가 있습니다(롬 15:1).

그 외에도 분명한 관심을 가져야 할 사람은 '모든 사람'입니다.

"모든 사람에게 오래 참으라.", "삼가 누가 누구에게든지 악으로 악을 갚지 말게 하고 서로 대하든지 모든 사람을 대하든지 항상 선을 따르라 (15절)."

악으로 악을 갚지 말라는 교훈은 예수님께서도 강조하신 말씀입니다. 보복하기보다는 새로운 계명을 통하여 오히려 복을 빌라고 가르치신 것 (마 5:38-42)을 기억하실 것입니다.

더구나 서로서로 그리고 모든 사람들에게도 선을 따라 행하라는 말씀은 도덕적인 선이나 자선 행위 이상의 철저한 사랑의 실천을 강조하는 말씀입니다.

그리스도 안에서 우리를 향하신 하나님의 뜻

데살로니가전서 5장 16-18절 말씀은 누구에게나 친숙한 '그리스도인의 3대 실천 강령'입니다. 항상 기뻐하고, 쉬지 말고 기도하며, 범사에 감사하는 삶은 그리스도 예수 안에 있는 우리들을 향하신 '하나님의 뜻'이라는 것입니다.

간략하면서도 너무나 분명한 말씀이며 강해와 설교를 통해서 많이 듣는 말씀이라 구체적인 설명은 하지 않습니다. 다만 바울이 칭찬과 좋은 소문으로 가득한 데살로니가교회 성도들에게 마지막으로 강조하며 권면하는 말씀이기 때문에 성도라면 누구나 새겨야 할 가장 기본적인 삶의 헌장이라는 사실만은 결코 가벼이 여겨서는 안 된다는 것을 강조합니다.

더구나 주께서 친히 약속하셨던 보혜사 성령님의 은사와 그 열매를 소멸하지 않아야 합니다(19절). 말씀과 그의 교훈을 멸시하지 않아야 합니다(20절). 모든 일에 신중히 하되 잘못된 일에 휩쓸림이 없도록 해야 합니다(21절).

악한 자들이 온갖 모양의 더러운 옷을 입고 덤비는 시대입니다. 그러므로 악한 것은 어떤 모양이라도 버려야 합니다(22절). 주의 재림이 가까울수록 더욱 그리하여야 합니다.

{ 선교를 위한 기도와 실천 과제 }

· · ·

1. 교회의 지도자로서 혹은 교회의 지도자들을 대하는 성도로서 우리들이
   가져야 할 자세와 교훈을 다시 한번 확인하고 스스로 자신의 모습과 비
   추어 봅시다.

2. 성도로서의 기본적인 자세도 중요하지만 이웃을 섬기는 자세로서 게으른
   자, 연약한 자 그리고 이웃에 대한 우리들의 기도 제목이 무엇인지를 서
   로 이야기하며 나누어 봅시다.

3. 이 일을 위하여 수고하는 선교사들과 그 사역의 어려움을 나의 삶과 비교
   하며, 반성하되 데살로니가교회를 위하여 교훈하는 바울처럼 지금도 선
   교현장에서 수고하는 선교사들을 위하여 기도합시다.

14. 그가 또한 이루시리라

- 읽을 성경: 데살로니가전서 5:23-28
- 외울 말씀: 너희를 부르시는 이는 미쁘시니 그가 또한 이루시리라(살전 5:24)
- 부를 찬송: 370장(통 455장) "주 안에 있는 나에게"

본문 내용 읽기

1. 데살로니가교회의 성도들을 위하여 축복하는 바울은 그들에게도 같은 부탁을 합니다.(25절) 바울의 그 기도 내용을 간단히 요약해 봅시다.(23절)

2. "하나님의 일은 하나님께서 하신다."라는 사실을 자신의 믿음과 연관시키되, 우리들에게도 항상 어떤 결과를 가져오는지 바울의

고백을 통하여 확인해 봅시다.(24절)

3. 바울은 이 편지를 받은 수신인에게 그 뒤처리를 어떻게 하라고 명령합니까?(27절)

말씀 이해를 위하여

데살로니가교회 성도들에게 보낸 편지의 마지막 부분은 바로 '기도'입니다. 이들을 위한 바울의 축복과 함께 그들에게도 바울 자신을 위하여 기도해 달라고 부탁합니다.

23절과 마지막 절인 28절이 바울의 축도입니다.

24절은 바울의 신앙적인 고백입니다. 바울은 그의 믿는 바 확신을 자신이 사랑하는 성도들에게 이야기하고 싶었던 것으로 보입니다.

25절은 바로 기도 부탁입니다.

그리고 26-27절은 이 편지에 대한 부탁입니다.

비교적 자세하게 설명하였던 지금까지의 편지 형식이나 내용과 달리 가능하면 요약된 표현으로 마무리합니다.

그러나 그가 쓴 대부분의 편지가 축도로 마치고 있다는 점과 기도로 정리하려고 하는 것은 그의 서신에서 미처 이야기하지 못한 부분들을 주님께 의탁하려고 하는 의도가 아닌가 여겨집니다.

바울의 축도

　　　　　예배의 마지막 순서로 목사들은 바울의 축도를 인용합니다. 고린도후서 13장 13절입니다.

　　주 예수 그리스도의 은혜와 하나님의 사랑과 성령의 교통하심
　　이 너희 무리와 함께 있을지어다

　바울의 모든 편지마다 유사한 형식과 내용을 볼 수 있습니다. 본문 마지막 절도 따지고 보면 같은 내용입니다.

　　우리 주 예수 그리스도의 은혜가 너희에게 있을지어다(살전
　　5:28)

　축도(祝禱)란 말을 그대로 설명하면 '축복하는 기도'입니다. 그러나 '축복 기도'라고 하지 않는 이유는 하나님의 백성을 향한 '선언적인 의미'를 가지고 있기 때문입니다.
　축복 기도는 누구든 할 수 있습니다. 자녀 후손들에게, 사랑하는 사람들을 위하여 그리고 어른으로서, 손위 사람으로서, 불신자들에게는 그리스도인으로서 하나님께 그들의 복을 비는 행위가 축복의 기도이기 때문입니다.
　그러나 축도는 사제로서, 사도로서, 목사로서 단순한 축복을 위한 기

원이 아니라 '성삼위 하나님의 권위'로 강복(降福)을 선언하는 것이기 때문에 축복 기도와는 구별되는 것입니다.

신학적으로는 '축원합니다.'라는 용어는 축복을 위한 기도 용어입니다. 그럴 때에 축원하는 이가 사람이 됩니다. 그러나 축도는 복을 비는 기도가 아니고 예배를 마치고 돌아가는 이들을 향한 '복의 선포'이기 때문에 바울의 축도가 성경에는 모두 "있을지어다."로 번역되어 있습니다.

우리의 예배에 목사가 손을 들고 하는 축도는 목사가 비는 기도가 아니라 주의 이름으로 선언하는 것입니다. 사실 'Benediction'이라는 단어를 '축도'라고 번역하는 것은 맞지 않습니다. "원하노라.", "있을지어다." 라는 '복의 선포', '강복 선언'이라고 번역해야 혼란이 없습니다.

이러한 의미로 보면 본문 23절도 분명한 복의 선언입니다. 우리말로 번역하면, '축도'입니다.

> **평강의 하나님이 친히 너희를 온전히 거룩하게 하시고 또 너희**
> **의 온 영과 혼과 몸이 우리 주 예수 그리스도께서 강림하실 때**
> **에 흠 없게 보전되기를 원하노라**(살전 5:23)

평강의 하나님이 예수님의 이름으로 기도하는 것이 아니고, 친히 성도들이 온전히 거룩하게 하시고, 성도들의 온 영과 혼과 몸이 우리 주 예수 그리스도가 오시는 그날까지 흠 없이 보전되기를 원하고 계신다는 것을 선언한 것입니다.

성도들도 이 의미를 바로 알고 축도를 받는 것이 좋습니다.

바울의 확신

바울은 축도와 함께 이제 자신의 견해를 밝힙니다. 데살로니가교회 성도들을 부르신 분은 하나님이십니다. 그는 미쁘신 분이십니다. 믿음직스러우시며 진실하시다는 뜻입니다. 그분이 우리를 부르시고 일을 맡기신 분이십니다.

> **너희를 부르시는 이는 미쁘시니 그가 또한 이루시리라**(살전 5:24)

이 말씀은 그분이 또한 책임지시고 이루어 주신다는 말씀입니다. 쉽게 번역해 놓은 다른 번역을 확인해 보겠습니다.

> **여러분을 불러 주신 분은 완전히 의지할 만한 분이십니다. 그 분께서 말씀하셨으니, 그분께서 이루실 것입니다**(메시지 성경, 살전 5:24)!

바울은 조금도 의심하지 않습니다. 베드로도 '확실한 믿음'과 '믿음의 결국'을 이야기합니다.

> 너희 믿음의 확실함은 불로 연단하여도 없어질 금보다 더 귀하여 예수 그리스도께서 나타나실 때에 칭찬과 영광과 존귀를 얻게 할 것이니라 예수를 너희가 보지 못하였으나 사랑하는도다

이제도 보지 못하나 믿고 말할 수 없는 영광스러운 즐거움으로

기뻐하니 믿음의 결국 곧 영혼의 구원을 받음이라(벧전 1:7-9)

금보다 더 존귀한 성도로서 칭찬과 영광과 존귀를 얻을 뿐 아니라 결국은 영혼 구원의 큰 복을 받게 될 것이라고 선포합니다.

바울의 부탁

바울은 자신을 위하여 기도해 줄 것을 부탁하면서 편지를 끝맺고 있습니다.

"우리를 위하여 기도하라."는 말씀은 직접 데살로니가교회의 소식을 안고 온 디모데와 실라 그리고 바울 자신을 위하여 기도해 달라는 이야기입니다.

앞 장에서 12절 말씀을 통하여 확인한 것처럼 수고하고 다스리며, 권하는 자들을 위하여(살전 5:12) 기도하는 일은 매우 중요합니다. 하나님의 복을 전하는 통로가 되고 하나님 말씀의 전달자가 되는 교역자나 지도자들을 귀히 여기되, 서로 좋은 관계를 유지하는 것도 사실은 자신을 위한 일입니다(살전 5:13).

성도 간의 교제와 좋은 관계를 위한 부탁도 잊지 않습니다. 거룩한 입맞춤으로 문안하고(살전 5:26), 너희에게 보낸 이 편지도 모든 형제에게 읽어 주라고 부탁합니다(살전 5:27).

'거룩한 입맞춤'에 대한 해석이 구구하지만 실제적으로 초대교회에서는 입을 맞추는 행위로 사랑을 표현한 것은 사실인 것으로 봅니다. 물론 '거룩한 형제 사랑'을 '입맞춤'이라고 표현한 것일 뿐 실제로는 아니라고 하지만 주후 3세기경 영적인 입맞춤을 강조하면서 남녀가 서로 입을 맞추는 일을 금한다는 기록으로 보아 이 풍습이 초대교회에서는 행하여졌던 것으로 보고 있습니다.

이분설과 삼분설 논쟁

본문에 조직신학에서 논쟁이 되는 '인간론'에 대한 용어가 등장합니다.

전통적으로는 인간은 육체와 영혼으로 되어 있다는 이분설(二分說)을 믿어왔습니다. 흙으로 만들어진 몸과 하나님의 생기로 인한 영혼이 바로 그 근거입니다(창 2:7). 더구나 성경에서는 영과 혼을 구별하지 않고 같은 뜻으로 사용해 왔습니다(시 42:6; 마 10:28; 눅 12:19-20; 고후 12:15).

물론 본문 23절처럼 영과 혼과 육으로 구별해 놓은 곳도 있습니다. 영혼을 각각 별개로 보는 것입니다. 대표적인 성경 구절을 히브리서에서도 찾을 수 있습니다.

하나님의 말씀은 살아 있고 활력이 있어 좌우에 날선 어떤 검

보다도 예리하여 혼과 영과 및 관절과 골수를 찔러 쪼개기까지
하며 또 마음의 생각과 뜻을 판단하나니(히 4:12)

몸 혹은 육은 물질적인 것으로 봅니다. 그러나 혼(soul)은 동물적인 것으로, 영(spirit)은 영적인 것으로 보았습니다. 그러므로 혼은 죽은 후 사라지지만 영은 영원한 것으로 보았습니다. 이것이 바로 삼분설(三分說)입니다.

계속된 논쟁이지만 장로교의 전통은 이분설로 영과 혼을 동일하게 봅니다. 영혼이 잘됨과 같이 범사가 잘되어야 하고 그러면서 육체도 강건한 것이 성도의 복이라는 말씀(요삼 2)이나 히브리서 4장 12절에서 관절과 골수를 각각 별개로 나누지 않고 육으로 보는 것을 참고할 필요가 있습니다.

이러한 논쟁이 동양에서도 사람을 육체와 혼(영혼)과 백(영백)의 삼등분으로 나누었던 것과도 연관이 있는 것이 아닐까 생각될 때가 있습니다. 혼은 하늘로, 백은 땅으로 들어간다고 하여 과거 우리나라에서도 사람이 죽으면 혼백을 잡아놓는 의식을 치루었던 기록을 볼 수 있습니다.

그러나 진리는 성경에 근거하는 것이어야 합니다. 사람은 육체와 영혼으로 구성된 이분설이 옳습니다.

더 중요한 것은 육체는 껍질이요 형식이므로, 알맹이요 내용에 속하는 영혼의 지배를 받습니다. 사람이 죽으면 영혼과 육신이 분리됩니다. 이제 더는 사람이 아닙니다. 하나는 하나님으로부터 온 영혼이요, 또 다른 하나는 흙으로부터 와서 흙으로 돌아가는 육체입니다.

그래서 아무리 귀한 분이라도 세상을 떠났다 하여 죽은 후에는 며칠 안에 매장을 하거나 화장을 합니다. 그분의 본체인 영혼이 떠났기 때문에 평생 그 영혼을 감싸고 있던 집과 같은 육체는 장사하는 것입니다.

그래서 영혼 구원이 중요하고 육신껍질을 입고 있을 동안에 영혼이 구원을 받아야 합니다. 껍질이 벗겨지면 더는 성장할 수 없습니다. 따라서 알맹이가 더 중요하지만 껍질인 육신의 건강도 중요한 것입니다.

{ 선교를 위한 기도와 실천 과제 }

• • •

1. 예배를 마치고 나설 때마다 목사님의 축도하심과 같이 성삼위 하나님의
   은혜 가운데 함께 교회 문을 나서는지 생각해 봅시다. 한 주일 내내 삼
   위일체 하나님과 함께 하는 삶이 중요하기 때문입니다.

2. 우리 영혼의 보전과 성도들을 영광스러운 삶으로 이루어 주시는 분은 미
   쁘신 하나님이십니다. 이를 능히 모든 것을 이루어 주신 분이 하나님이
   심을 믿고 그분께 우리의 삶을 의지하며 살고 있는지 다시 한번 확인합
   시다.

3. "모든 형제에게 이 편지를 읽어 주라."는 말씀이 선교 명령인 이유를 생
   각해 봅시다.

우리가 너희와 함께 있을 때에도 너희에게 명하기를
누구든지 일하기 싫어하거든 먹지도 말게 하라 하였더니(살후 3:10)

데살로니가후서

1. 당연한 감사

―――――――――――――□■□―――――――――――――

- 읽을 성경: 데살로니가후서 1:1-4
- 외울 말씀: 형제들아 우리가 너희를 위하여 항상 하나님께 감사할지니 이것이 당연함은 너희의 믿음이 더욱 자라고 너희가 다 각기 서로 사랑함이 풍성함이니(살후 1:3)
- 부를 찬송: 429장(통 489장) "세상 모든 풍파 너를 흔들어"

―――――――――――――□■□―――――――――――――

본문 내용 읽기

1. 데살로니가후서와 데살로니가전서의 인사말을 서로 비교해 봅시다(살전 1:1; 살후 1:1-2).

2. 바울이 "항상 하나님께 감사"하는 이유를 무엇 때문이라고 설명합니까?(3절)

3. 바울이 데살로니가교회를 자랑하는 이유가 무엇입니까?(4절)

말씀 이해를 위하여

데살로니가교회 성도들에게 보낸 두 번째 편지는 임박한 재림에 대한 오해를 불식시키기 위하여 다급하게 보낸 서신입니다. 왜냐하면 첫 번째 편지를 보낸 지 불과 2-3개월 후에 바로 쓴 것이라는 점과, 데살로니가전서에서는 주의 재림이 임박하였다는 사실을 강조한 반면, 데살로니가후서에는 재림 전에 있게 될 징조와 이에 대한 성도들의 그릇된 자세 등을 지적하고 있기 때문입니다. 이러한 사실 때문에 데살로니가후서가 바울의 저작이 아니라고 주장하는 이들이 있습니다. 편지를 쓰게 된 간격이나 동일한 문체 그리고 "주의 날이 밤에 도둑같이 이를 줄을 너희 자신이 자세히 알기 때문이라(살전 5:2)."고 하면서 재림의 긴급성을 강조하던 바울이 후서에서 돌연히 재림을 준비하는 성도들의 무위도식(無爲徒食)을 꾸짖는 것은 앞뒤가 맞지 않다는 것입니다.

그러나 전통적으로는 이러한 사실이 오히려 바울의 글임을 입증하는 것으로 설명합니다. 문체가 동일한 것은 같은 사람임에도 불구하고 흉내를 낸 것이라고 하는 것은 억측입니다.

서신 중에도 "바울과 실루아노와 디모데는 하나님 우리 아버지와 주 예수 그리스도 안에 있는 데살로니가인의 교회에 편지하노니(살후 1:1)"로 시작하여 "나 바울은 친필로 문안하노니 이는 편지마다 표시로서 이렇게 쓰노라(살후 3:17)."고 하였고, 재림에 대한 교훈도 서로 다르다고 하여 대치되는 내용이 아니고 서로 보충하는 것일 뿐 아니라, 첫 번째 편지를 보낸 이후 편지를 받은 이들이 임박한 재림에 대한 오해로 문제가 된다는 소문을 들었기 때문에 즉시 두 번째 편지를 보내지 않을 수 없었다는 것이 일반적이면서도 전통적인 견해입니다.

우리 아버지와 주 예수 그리스도 안에서

언제나 바울은 '그리스도 안에(εν Χριστος)' 있으며, '그리스도 안에서' 권면하며, '그리스도로부터의' 복을 강조합니다.

데살로니가후서도 절대 예외가 아닙니다. 그리스도 안에 있는 '바울과 실루아노와 디모데'입니다. 그리고 '하나님 우리 아버지와 주 예수 그리스도 안에 있는 데살로니가인의 교회'입니다. 그러므로 여기에서 '우리'는 바울과 실루아노와 디모데뿐 아니라 데살로니가교회 성도들을 포함합니다.

'은혜와 평강'도 마찬가지입니다. "하나님 아버지와 주 예수 그리스도로부터" 있게 됩니다. 모든 복의 출처와 통로를 분명하게 선언합니다. 은혜와 평강의 근거는 세상에 있지 않습니다.

그래서 바울은 교회의 그릇된 재림관을 지적하는 편지를 쓰고 있음에도 "하나님 아버지와 주 예수 그리스도로부터 은혜와 평강이 너희에게 있을지어다(살후 1:2)."라고 선언함으로 사실상 이 편지는 축도로부터 시작합니다.

먼저 믿음의 성장에 대하여 감사합니다

하나님께 감사하는 것은 성도들의 마땅한 모습이지만 바울은 데살로니가교회에 대하여 특별히 감사하지 않을 수 없는 몇 가지를 지적합니다.

실제로는 이들에게 꼭 지적하고 꾸중할 것이 있지만 그 이전에 먼저 크게 칭찬하는 모습을 볼 수 있습니다. 심지어 이것이 자랑스럽다고 표현하므로 바울의 권면을 받아들일 수 있는 마음 밭을 일구어 놓습니다.

성도들에게 있어서 가장 중요한 것은 '믿음의 성장'입니다. 바울은 성도들에게 언제나 "믿음과 소망과 사랑"을 강조합니다(고전 13:13). 앞서 보낸 편지에서도 이들로 인하여 감사하며 기도하는 이유로 이 세 가지를 이야기했습니다.

우리가 너희 모두로 말미암아 항상 하나님께 감사하며 기도할 때에 너희를 기억함은 너희의 믿음의 역사와 사랑의 수고와 우리 주 예수 그리스도에 대한 소망의 인내를 우리 하나님 아버지 앞에서 끊임없이 기억함이니(살전 1:2-3)

그런데 데살로니가후서의 시작인 본문에서는 '소망'을 언급하지 않습니다. 그러나 이어지는 4절과 5절 그리고 데살로니가후서 전체에서 강조하는 '재림'에 대한 교훈을 참고하면 오히려 믿음과 사랑에 대한 언급 이상으로 '소망'에 대한 교훈으로 가득 차 있는 것으로 풀이가 됩니다.

그럼에도 성도들에게 요구되는 첫째가 '믿음'이며, 다음이 사랑의 수고 그리고 마지막으로 소망의 인내를 언급합니다. 신앙, 즉 하나님에 대한 신뢰는 세상에서도 모든 믿음의 근거가 되지만 '모든 죄로부터 정결하게 되고, 궁극적으로 구원을 받는 유일한 길'입니다.

신앙의 성장과 성숙은 관념이나 이론적인 것이 아닙니다. 더구나 감정과 정서로 평가될 수 없습니다. 가장 실제적이면서도 변화가 분명한 삶의 모습입니다.

물론 인간적으로 평가할 수 있는 잣대는 없습니다. 주일 성수나 새벽 기도, 혹은 헌금 생활이나 봉사의 정도로 평가하려고 하지만 이것으로 믿음이나 성장 여부를 판단할 수 없습니다. 가장 구체적인 인간 변화는 신앙의 성장과 성숙으로 말미암는 것은 분명합니다.

항상 기뻐하고, 쉬지 않고 기도하며, 범사에 감사하는 바울의 모습에서도 찾아볼 수 있지만 바울은 성도들의 '풍성한 사랑'의 실천과 소망 중에 '견디는(인내하는)' 모습을 통하여 이를 확인할 수 있었기 때문에 더욱 감사하지 않을 수 없노라고 고백합니다.

'다 각기 서로' 사랑함이 풍성함으로 감사합니다

　　　　　　믿음의 고백이나 인내하는 자세도 중요하지만 사랑은 대상이 있습니다. 물론 예수님은 '하나님과 이웃 사랑'을 이야기하시며 "이보다 더 큰 계명이 없느니라(막 12:31)"고 하셨지만 '새 계명'이라는 이름으로 이웃을 강조하셨습니다.

> 새 계명을 너희에게 주노니 서로 사랑하라 내가 너희를 사랑한
> 것같이 너희도 서로 사랑하라 너희가 서로 사랑하면 이로써 모
> 든 사람이 너희가 내 제자인 줄 알리라(요 13:34-35)

'서로' 사랑해야 합니다. 제자로서 당연한 자세입니다.

지금 바울은 데살로니가교회 성도들을 자랑스럽게 여기는 것은 "다", "각기", "서로" 사랑하되 이것이 "풍성함"이라고 했습니다(살후 1:3). 정말 칭찬받을 만한 모습입니다.

사랑은 바울 신학의 기준이자 그의 윤리 핵심입니다. 그래서 우리들은 고린도전서 13장을 즐겨 읽습니다.

> 사랑은 오래 참고 사랑은 온유하며 시기하지 아니하며
> 사랑은 자랑하지 아니하며 교만하지 아니하며
> 무례히 행하지 아니하며 자기의 유익을 구하지 아니하며
> 성내지 아니하며 악한 것을 생각하지 아니하며

불의를 기뻐하지 아니하며 진리와 함께 기뻐하고

모든 것을 참으며 모든 것을 믿으며 모든 것을 바라며

모든 것을 견디느니라(고전 13:4-7)

모든 박해와 환난 중에도 인내와 믿음으로

인내는 바울의 윤리 중에서 '사랑'에 포함됩니다. 그러나 본문에서 강조되는 인내는 오히려 소망으로 말미암습니다. 동시에 이러한 데살로니가교회 성도들의 자세는 하나님의 말씀을 믿고 의지하고 있기 때문이라는 사실을 이미 데살로니가전서에서도 밝힌 바 있습니다.

이러므로 우리가 하나님께 끊임없이 감사함은 너희가 우리에게 들은 바 하나님의 말씀을 받을 때에 사람의 말로 받지 아니하고 하나님의 말씀으로 받음이니 진실로 그러하도다 이 말씀이 또한 너희 믿는 자 가운데에서 역사하느니라(살전 2:13)

그래서 바울은 이들을 더욱 자랑스럽게 생각합니다. 끊임없이 감사하지 않을 수 없었습니다. "박해와 환난 중에도" 인내와 믿음으로 견뎌내는 이들이 대견스럽고 자랑스러웠습니다.

우리가 감사드리는 것은 당연합니다. 우리는 여러분들이 대단

히 자랑스럽습니다. 여러분에게 온갖 고난이 닥쳤지만, 여러
분의 믿음이 흔들리지 않고 굳건하기 때문입니다. 우리는 교
회에서 만나는 사람 누구에게나 여러분의 모든 것을 자랑합니
다 (메시지 성경, 살후 1:3-4 하반절).

{ 선교를 위한 기도와 실천 과제 }

· · ·

1. 바울이 지금 데살로니가교회를 자랑스럽게 여기는 것은 그들의 믿음의 역사, 사랑의 수고, 소망의 인내입니다. 우리 교회나 구역의 자랑거리들을 정리해 봅시다. 단순히 자랑을 위한 자랑이 아니라 진정한 의미에서 우리의 자긍심이 될 만한 자랑거리들을 찾아봅시다.

2. 신앙 성장의 기준이 있다면 어떤 것들이 있습니까? 나의 개인생활을 통하여 과거와는 확연히 달라진 모습이 무엇인지를 이야기해 봅시다.

3. 시대적인 상황과 우리의 인내에 대한 의견들을 교환해 봅시다. 이것이 교회의 자랑이 되는 이유와 선교의 주요 요인임을 다시 한번 확인해 봅시다.

2. 대적하는 자들

- 읽을 성경: 데살로니가후서 1:5-9
- 외울 말씀: 이는 하나님의 공의로운 심판의 표요 너희로 하
  여금 하나님의 나라에 합당한 자로 여김을 받게 하려 함이니
  그 나라를 위하여 너희가 또한 고난을 받느니라(살후 1:5)
- 부를 찬송: 336장(통 383장) "환난과 핍박 중에도"

본문 내용 읽기

1. 그 나라를 위하여 우리가 고난을 받는 이유는 무엇이라고 말하고
   있습니까?(5절)

2. 우리들로 하여금 환난을 받게 하는 자들은 어떻게 된다고 말씀하
   고 있습니까?(6절)

3. 환난을 받는 우리들과 하나님을 모르는 자들과 우리 주 예수
   의 복음에 복종하지 않는 자들의 결과에 대하여 비교해 봅시
   다.(7-9절)

말씀 이해를 위하여

　　　　　　새끼가 부화된 지 일정한 기간이 지나면 어미독수
리는 낭떠러지 끝에 위치한 둥지 밖으로 새끼들을 밀어냅니다. 그렇게 밀
려난 새끼독수리는 안간힘을 다하여 날갯짓을 합니다. 곤두박질을 피할
수 없는 새끼들은 힘겹게 날개를 퍼덕이며 몸부림을 쳐 보지만 별 소용이
없습니다. 그런데 극한 위기에 직면하게 되면 어미독수리는 쏜살처럼 새
끼독수리를 향하여 날아갑니다. 그리고 안전하게 새끼들을 구조합니다.
　한 번에 그치지 않습니다. 반복되는 훈련을 받습니다.
　시간이 지남에 따라 점점 더 독수리다워지는 모습을 보면서 이사야 선
지자는 "버러지 같은 야곱(개역한글 성경은 '지렁이 같은 야곱'으로 표기하
고 있습니다. 사 41:14)"이라고 꾸짖으면서도 다음과 같이 선포합니다.

오직 여호와를 앙망하는 자는 새 힘을 얻으리니 독수리가 날개
치며 올라감 같을 것이요 달음박질하여도 곤비하지 아니하겠
고 걸어가도 피곤하지 아니하리로다(사 40:31)

어미독수리는 새끼를 버리기 위하여 둥지 밖으로 내민 것이 아닙니다. 하나님도 마찬가지이십니다. 그분의 사랑하는 백성들을 대적자들의 손에 버려두지 아니하십니다. 세상 가운데에서 환난과 핍박을 받으며 고난 당하는 것을 원하지 않으십니다.

그래서 다윗은 하나님의 마음을 노래합니다.

> **내가 네 갈 길을 가르쳐 보이고 너를 주목하여 훈계하리로다**
> (시 32:8)

영어판 번역은 온갖 용어들을 다 동원하여 이 구절을 설명합니다. guide, teach, discipline, instruct, watch over, advice 등등입니다.

본문은 4절에 이어지는 말씀입니다.

> **너희가 견디고 있는 모든 박해와 환난 중에서 너희 인내와 믿음으로 말미암아 하나님의 여러 교회에서 우리가 친히 자랑하노라**(살후 1:4)

데살로니가교회 성도들이 자랑스러운 이유는 모든 박해와 환난을 인내와 믿음으로 잘 견디고 있기 때문입니다.

그 나라를 위한 고난

5절의 마지막 부분에 주목할 필요가 있습니다.

그 나라를 위하여 너희가 또한 고난을 받느니라(살후 1:5 하반
절)

온전한 성도, 신령한 자 그리고 장성한 그리스도인은 그냥 만들어지
는 것이 아닙니다. 그래서 제자 훈련이 강조되고, 성화의 과정이 중요한
것입니다.

데살로니가교회 성도들의 인내와 믿음이 자랑스러운 것은 이러한 고
난과 환난이 '하나님의 공의로운 심판의 표'가 되고, '하나님 나라에 합당
한 자로 여김을 받게' 되는 과정이기 때문입니다.

저는 교역자로서 늘 마음에 새기고 다짐하는 말씀이 있습니다.

**내가 내 몸을 쳐 복종하게 함은 내가 남에게 전파한 후에 자신
이 도리어 버림을 당할까 두려워함이로다**(고전 9:27)

그래서 고난을 자초합니다. 괜히 어려운 일을 만들어서 고생한다는
핀잔을 듣기도 합니다. 정말 어려운 일들을 찾아서 스스로 고통을 겪고
싶어 합니다.

지금도 가장 간절한 기도가 있다면 "하나님 나라에 가는 그날은 편안

하게 죽지 않도록, 할 수만 있다면 주의 복음을 전하다가 순교하게 하소서!"입니다.

종말의 시대를 살아가는 흩어져 있는 나그네들에게 부탁하는 예수님의 동생이자 사도인 야고보의 교훈을 결코 잊어서는 안 될 것입니다.

> 내 형제들아 너희가 여러 가지 시험을 당하거든 온전히 기쁘게
> 여기라 … 이는 너희로 온전하고 구비하여 조금도 부족함이 없
> 게 하려 함이라(약 1:2-4)

환난을 받게 하는 자(대적자)들

그리스도인들의 기도는 "대적자들을 물리쳐 주시옵소서!" 혹은 "저들이 보응을 받게 하소서!" 하는 정도에 머물지 않습니다. "저들도 회개하고 구원을 받게 하소서!", "저들도 잘못을 깨닫고 돌이킴으로 복 받는 자리에 이르게 하소서!"가 그리스도인들의 기도입니다. 어쩌면 이것이 그리스도인들에게 주어진 가장 아름다운 특권인지도 모릅니다. 그래서 주님도 이렇게 가르쳐 주셨습니다.

> 나는 너희에게 이르노니 너희 원수를 사랑하며 너희를 박해하
> 는 자를 위하여 기도하라(마 5:44)

누구나 자기의 대적자들을 위하여 기도할 수 있는 것은 아닙니다. 소위 원수를 향한 적대감이나 원수를 갚아야 하는 마음은 사람의 본능이기 때문에 구약성경에서도 원수 갚는 일에 대해 부정하지 않습니다. 다만 대단한 절제를 요구할 뿐입니다. 상대방이 나의 이빨 하나를 부러지게 하였다면 상대방의 이빨을 왕창 뽑아버리고 싶은 것이 복수의 본능이겠지만 율법은 딱 하나만을 뽑아야 한다고 이야기합니다.

> 사람이 만일 그의 이웃에게 상해를 입혔으면 그가 행한 대로 그에게 행할 것이니 상처에는 상처로, 눈에는 눈으로, 이에는 이로 갚을지라 남에게 상해를 입힌 그대로 그에게 그렇게 할 것이며(레 24:19-20)

그러나 우리 주님의 방법은 다릅니다. 오히려 이들을 향하여 기도하며 복을 빌라고 하십니다.
그래서 바울도 교훈합니다.

> 너희가 친히 원수를 갚지 말고 하나님의 진노하심에 맡기라(롬 12:19)

히브리서 기자도 이 사실을 확인합니다(히 10:30).
그러나 어쩔 수 없습니다. 우리 하나님은 공의의 하나님이십니다. "환난을 받게 하는 자들에게는 환난으로 갚으시고 환난을 받는 너희에게는 우리와 함께 안식으로 갚으시는 것(살후 1:6-7)"입니다.

하나님의 법이요, 공의라고 하십니다. 물론 악자필벌(惡者必罰)의 하나님 앞에서 우리들도 반드시 받아야 할 '필벌'의 상황이지만 우리 주님께서 대신 이 일을 감당[代贖]해 주심으로 큰 은혜의 자리에 이른 것인지라 우리들은 거저 감사할 뿐입니다.

하나님을 모르는 자들

모르는 것[無知]도 죄입니다. 교육학에서는 죄로부터 자유하려면 배워야 한다고 합니다. 윤리적으로는 부도덕함을, 사회적으로는 불법을, 심리학으로는 비정상적인 것을 죄라고 가르치면서 도덕과 예절과 율법과 정도(正道)를 이야기합니다. 그러나 교회에서는 하나님의 말씀에 불순종하거나 순종함에 부족한 것을 죄라고 합니다(소요리문답 14번).

본문은 하나님을 모르는 자들과 우리 주 예수의 복음에 복종하지 않는 자들이 받을 형벌은 동일하다고 말합니다.

이런 자들은 주의 얼굴과 그의 힘의 영광을 떠나 영원한 멸망의 형벌을 받으리로다(살후 1:9)

학자에 따라서는 '하나님을 모르는 자들'은 이방인들을 지칭하며, '불

복종하는 자들'은 유대인을 가리키는 것으로 해석하지만 결과적으로 예수 그리스도를 주로 영접하지 아니하는 자들은 주의 영광에 참여할 수 없다는 말입니다. 영벌의 지옥에 처함으로 영원히 하나님 나라와 단절하게 되는 상황에 이른다는 것입니다.

호세아가 여호와를 아는 지식이 없어 망하게 된 이스라엘에게(호 4:6) "우리가 여호와를 알자 힘써 여호와를 알자(호 6:3)."라고 외쳤던 것처럼 이 시대에도 여전히 그의 음성이 필요하며, 어느 자매님의 질문처럼 하나님께서 이처럼 큰 희생과 사랑을 베풀어 주셨음에도 복음을 받아들이지 않는 것은 말 그대로 하나님 앞에 괘씸죄가 될 수밖에 없다는 사실입니다.

정작 복음을 접한 사람들도 이를 거절하게 된다면 이는 더 큰 문제입니다. 이는 "우리 주 예수의 복음에 복종하지 않는 자들"을 지칭합니다.

그의 복음에 순종하여야만 합니다. 예수님을 나의 주님으로 인정하고 (지, 知), 내 마음 속에 영접하므로(정, 情), 나의 모든 삶을 그분에게 의탁하는 삶(의, 意)이라는 전인적인 순종을 원하시는 하나님이십니다.

우리의 대적자라 함은 '환난을 받게 하는 자들(살후 1:6)', 곧 그리스도인들을 핍박하고 하나님 나라를 대적하는 자들일 것입니다.

그러나 바울은 적극적으로 하나님 나라를 훼방하는 자들뿐 아니라 그 나라에 대하여 무관심한 자들, 소극적인 자들까지도 동일한 형벌이 있게 됨을 경고합니다. 하나님을 모르는 자들, 예수 그리스도의 복음을 받아들이지 아니하고 복종하지 아니하는 자들까지도 대적자들과 똑같은 무리들임을 확인합니다.

{ 선교를 위한 기도와 실천 과제 }

• • •

1. 바울은 바로 자신의 몸에 "예수의 흔적(갈 6:17)"을 지니고 있노라고 선언합니다. 종말을 기다리는 성도로서 자신의 몸이나 삶의 경험 중에 남아 있는 예수님의 흔적이 있다면 어떤 것들입니까?

2. 환난과 핍박 중에도 끝까지 신앙을 지킨 믿음의 선배들 중에 존경하는 신앙인이 있다면 그분은 누구입니까? 그리고 존경하는 이유가 무엇인지를 설명해 봅시다.

3. 가까이 있는 자들 중에 하나님을 모르고, 예수의 복음에 복종하지 아니하는 자들, 즉 '절대로 지옥에 가서는 안 될 자들'의 명단을 성경이나 찬송가에 붙여 두고 그들을 위해 기도하며 복음을 전하는 일에 힘쓰도록 합시다.

3. 주 안에서 누리는 영광

- 읽을 성경: 데살로니가후서 1:10-12
- 외울 말씀: 이러므로 우리도 항상 너희를 위하여 기도함은 우리 하나님이 너희를 그 부르심에 합당한 자로 여기시고 모든 선을 기뻐함과 믿음의 역사를 능력으로 이루게 하시고 우리 하나님과 주 예수 그리스도의 은혜대로 우리 주 예수의 이름이 너희 가운데서 영광을 받으시고 너희도 그 안에서 영광을 받게 하려 함이라(살후 1:11-12)
- 부를 찬송: 439장(통 496장) "십자가로 가까이"

본문 내용 읽기

1. 마지막 그날에 하나님은 누구에게 영광을 받으십니까?(10절)

2. 바울이 항상 성도들을 위하여 기도하는 것은 무엇 때문입니까?(11절)

3. 결국 "예수의 이름이" 영광을 받으시게 되는 것은 누구로 말미암습니까?(12절)

말씀 이해를 위하여

"주가 쓰시겠다 하라(마 21:3)." 영문도 모르고 끌려온 나귀 새끼가 별안간 영광스런 환영을 받습니다. 자기를 부리던 사람들이 길바닥에 옷을 벗어 놓고는 그 위로 걸어가게 합니다. 종려나무 가지를 꺾어 들고 만세(호산나)를 부르며 앞서거니 뒤서거니 하며 소리를 지릅니다. 사람이 아닌 짐승이라 그렇지 인간적으로 말하면 호화로운 대접을 받고 있는 것입니다. 이것은 예수님으로 말미암습니다. 예수님을 모셨기 때문입니다. 예수님께 쓰임을 받았기 때문입니다.

마지막 그날! 우리 주님께서 강림하시는 그때에도 마찬가지입니다. 주 예수 그리스도의 이름이 우리 가운데 큰 영광을 받으시지만 우리들도 그 안에서 감격스러운 영광을 누립니다.

바울이 항상 기도하는 것도 이 때문이라고 설명합니다(살후 1:11). 우리 자신의 공덕이나 선행으로 말미암은 것이 아니라 다만 한 가지, 예수님을 모시고 사는 주님의 사람들이기 때문입니다.

그날에 그가 강림하사

우리 주님께서 '그날에' 오십니다. 그날은 마지막 날입니다. 해와 달과 별들이 빛을 잃습니다. 하나님께서 만드신 만물의 마지막 날이기 때문입니다. 하늘이 사라집니다. 땅만 하나님의 피조물이 아닙니다. 하늘도 그의 말씀에 따라 지어진 피조물입니다(창 1:8).

> 그러나 주의 날이 도둑같이 오리니 그날에는 하늘이 큰 소리로 떠나가고 물질이 뜨거운 불에 풀어지고 땅과 그중에 있는 모든 일이 드러나리로다(벧후 3:10)

그래서 베드로는 이날을 사모하라고 합니다.

> 하나님의 날이 임하기를 바라보고 간절히 사모하라 '그날에' 하늘이 불에 타서 풀어지고 물질이 뜨거운 물에 녹아지려니와(벧후 3:12)

그러나 어둡지 않습니다. 해와 달의 비침이 쓸 데가 없습니다. 하나님의 영광이 세상의 어떤 빛보다 더 밝기 때문입니다. 그래서 계시록은 "이는 하나님의 영광이 비치고 어린 양이 그 등불이 되심(계 21:23)"과 "다시 밤이 없겠고 등불과 햇빛이 쓸 데 없으니 이는 주 하나님이 그들에게 비치심이라 그들이 세세토록 왕 노릇 하리로다(계 22:5)."라고 밝히 설명합니다.

이 땅에 탄생하시는 그날도 '주의 영광이 두루 비추는(눅 2:9)' 가운데 "지극히 높은 곳에서는 하나님께 영광이요, 땅에서는 하나님이 기뻐하신 사람들 중에 평화(눅 2:14)"이셨던 것처럼 그날도 홀연히 천국천사들의 나팔 소리와 함께 공중으로 임하시는 우리 주님은 ① '지극히 큰 영광 중에(벧후 1:17)' 임하실 것입니다. 뿐만 아닙니다. 하나님의 영광이 여기에 머무는 것에 그치지 않습니다.

본문은 ② "그의 성도들에게서 영광을 받으신다(10절)."라고 하십니다. 우리 주님은 그의 백성들에게 영광을 받으시는 것을 기뻐하십니다. 그래서 바울은 로마 감옥에 갇혀 있을 때에도 몸은 비록 갇혔으나 '하나님의 영광을 찬송(엡 1:6,12,14)'합니다. 그리고 성도들에게 "하나님의 영광과 찬송(빌 1:11)"이 되라고 교훈합니다.

"모든 믿는 자들에게서 놀랍게 여김을 얻으실(10절)" 만큼 경탄할 일이지만 우리 주님은 영광 중에 임하시고, 영광을 받으시되, 한 걸음 더 나아가 그에게 영광을 돌리는 ③ 그의 백성들까지도 주와 함께 영광을 누리게 하십니다.

> 우리 생명이신 그리스도께서 나타나실 그때에 '너희도 그와 함께' 영광 중에 나타나리라(골 3:4)

그러므로 성도들은 분명히 하여야 합니다.

장로교의 표어가 "오직 영광 하나님께[唯主榮光]"입니다. 삶이 그래야 합니다. 이 땅에서도, 그날 이후에도 마찬가지입니다. 계시록에 나타난 어린 양의 혼인잔치를 준비하는 우리들입니다.

> 우리가 즐거워하고 크게 기뻐하며 그에게 영광을 돌리세(계 19:7 상반절)

그분에게 영광을 돌리는 것이 우리들의 영광이요, 영원토록 그를 기뻐하고 즐거워하는 것이 우리들의 기쁨입니다(소요리문답 1번).

이러므로 우리도 항상 너희를 위하여 기도함은

보이스카우트를 맡아서 여러 게임을 참 많이 지도했습니다. 그중에서 아이들의 시각, 청각, 후각, 미각, 촉각 게임을 하게 됨으로 주위 환경에 대한 관찰능력과 관심을 갖게 하는 훈련이 있습니다.

그리스도인으로서의 지도자라 생각하였기에 '하나님의 음성을 듣는 훈련'이라 생각하고 이 오락을 즐겼습니다. 그중에도 서른 개 이상의 물건을 보자기로 덮어 두었다가 아이들이 줄지어 오면 30초 이상을 살펴보게 한 후에 다시 보자기로 덮고 자기가 본 것을 나누어 준 종이에 기록하게 합니다.

잘 적습니다. 기억력이 좋은 아이들은 엄청나게 좋은 성적을 얻습니다. 그러나 평가 시간을 통하여 강조하는 것이 있습니다. 덮어 두었던 보자기를 차곡차곡 접어서 관찰할 물건들 옆에 두었으나 대부분의 대원들은 보자기에는 관심을 두지 않는다는 것입니다.

본문 11절에서 중요한 것은 그의 강림을 앞두고 데살로니가교회 성도들이 ① 부르심에 합당한 삶을 살아야 한다는 것과 ② 기쁨으로 선을 행하고 ③ 그의 능력을 통하여 믿음의 역사를 완성하라는 것이 주된 내용이지만, 이들을 위하여 항상 기도한다는 바울의 자세를 놓치지 않아야 합니다.

우리가 받고 누리는 복도 중요하지만 복의 근거와 복의 통로를 지나치지 말라는 이야기입니다. 은혜와 사랑과 평강도 중요하지만 기도와 찬송이 없이는, 말씀에 대한 순종과 믿음이 없이는 아무 것도 받아 누릴 수가 없습니다.

강단에서 많은 복을 선포합니다. 그러나 복을 받는 길도 함께 선언하여야 합니다. 믿음으로, 순종함으로, 기도함으로 ….

본문의 번역은 우리말에서만 느낄 수 있는 특별한 표현이 있습니다.

첫째, "우리 하나님이 그 부르심에 합당한 자로 여기시고"입니다.

우리는 하나님의 부르심에 합당한 삶을 살아야 합니다. 그런데 하나님이 그렇지 못한 우리들을 '부르심에 합당한 자로 여기시도록' 기도하고 있습니다.

둘째, "모든 선을 기뻐함과"입니다.

기쁨으로 선을 행하며 선하게 살아야 합니다. 그런데 그렇게 잘 살지 못하는 우리들은 비록 선을 행하지는 못하지만 '모든 선을 기뻐'해야 합니다.

셋째, "믿음의 역사를 능력으로 이루게 하시고"입니다.

이루어야 합니다. 완성 시켜야 합니다. 이 놀라운 믿음의 역사는 '그의 능력으로만' 가능합니다. 그래서 바울과 그의 동역자들처럼 기도하는 일을 간과하지 말라는 것입니다.

우리 주 예수의 이름이 너희 가운데서

본문에서는 주의 강림하실 그날을 이야기하는 중에 주로 그날에 임할 영광을 강조합니다. 영광 중에 임하시는 주님이 우리들에게도 영광을 받으시지만 그 안에 있는 우리들도 영광을 누리게 된다는 사실을 강조합니다.

타인을 위하여 기도하면 그것이 나에게 복이 된다는 이야기나 주님의 영광을 찬송하는 것이 나의 복이라는 사실은 아무리 강조해도 지나침이 없습니다.

심지어 전도하는 이들에게 늘 강조해 오던 구호가 있습니다.

"전도가 되면 좋고, 안되면 더 좋고, 욕 얻어 먹으면 세 배 좋고, 뺨 맞으면 일곱 배 좋다."

남에게 '복된 소식(복음)'을 전하다가 받는 고난이라면 그것이 오히려 복이 된다는 이야기입니다.

이와 유사한 근거로 하나님께서 아브라함에게 하신 말씀이 있습니다.

> 너를 축복하는 자에게는 내가 복을 내리고 너를 저주하는 자에
>
> 게는 내가 저주하리니(창 12:3 상반절)

축복하는 자가 복을 받습니다. 저주하는 사람이 오히려 저주를 받습니다. 세상 나라에서도 이웃이나 주의 백성들에게 복을 선포하면 복을 받습니다. 그러므로 주님에게 영광을 돌리는 자가 이러한 영광을 함께 누린다는 것은 지극히 당연한 일입니다.

그래서 이사야 선지자는 마지막 그날에 남은 자들에게 면류관이 예비된다는 사실을 강조하면서, "그날에 만군의 여호와께서 자기 백성의 '남은 자'에게 영화로운 면류관이 되시며(사 28:5)"라고 선언하고 있습니다. 그리고 다시 "너는 또 여호와의 손의 아름다운 관, 네 하나님의 손의 왕관이 될 것이라(사 62:3)." 함으로 주님의 이름으로 사는 우리들이 또한 그분 안에서 동일한 영광을 누리게 된다는 사실을 거듭거듭 확인해 주고 있는 것입니다.

{ 선교를 위한 기도와 실천 과제 }

· · ·

1. "오직 영광 하나님께!"라는 장로교의 표어가 가지고 있는 의미를 생각해
   봅시다.

2. 그날에 우리가 받게 될 면류관(사 28:5)과 여호와 하나님의 손에 있는 면
   류관(사 62:3)을 각각 비교해 보고 장차 받게 될 면류관의 성격에 대해 생
   각해 봅시다.

3. 복음을 전하는 일, 즉 선교하는 일이 '하나님의 영광과 찬송'이 되는 이유
   를 설명하고 이 일을 위한 나의 결단을 정리해 봅시다.

4. 주의 날이 이르렀다고 해도

□ ■ □

- 읽을 성경: 데살로니가후서 2:1-4
- 외울 말씀: 영으로나 또는 말로나 또는 우리에게서 받았다고 하는 편지로나 주의 날이 이르렀다고 해서 쉽게 마음이 흔들리거나 두려워하거나 하지 말아야 한다는 것이라(살후 2:2)
- 부를 찬송: 350장(통 393장) "우리들이 싸울 것은"

□ ■ □

본문 내용 읽기

1. 주의 날이 이르렀다고 해서 동요하지 말아야 한다는 교훈을 바울은 어떤 방법으로 설명하고 있습니까?(2절)
2. 누가 어떻게 하여도 미혹되지 말아야 할 이유로 바울이 이야기하

는 근거가 무엇입니까?(3절)

3. 성전에 앉아 자기를 하나님이라고 내세우는 자의 성격을 바울은 어떻게 표현하고 있습니까?(4절)

말씀 이해를 위하여

2장에서도 바울은 데살로니가교회 성도들에게 종말의 이야기를 계속합니다. 하나님의 공의로운 심판과 그리스도인들이 받아 누릴 영광과 면류관도 중요하지만 2장의 본문에서는 이러한 날이 임하였다 할지라도 당황하거나 쉽게 동요되는 일이 없도록 하라는 것이 중요합니다. 더구나 미혹하는 자들과 배교자들이 있다고 해도 아직 마지막은 아니며 악한 자들이 자기를 높이고 하나님의 성전에 앉아 군림하게 되는 일까지 있게 되리라고 합니다.

이러한 자들의 활동과 심판에 대해서는 이어지는 5절 이하에서 확인하겠습니다.

"형제들아 우리가 너희에게 구하는 것은(살후 2:1)"으로 시작하는 본문은 "영으로나 또는 말로나 또는 우리에게서 받았다 하는 편지로나(살후 2:2)" '주의 날'에 대한 소식을 접한 데살로니가교회 성도들이 가져야 할 마음가짐이 어떤 것인지를 이야기하려는 것입니다.

이 내용은 앞서 언급한 1장에서의 칭찬과 함께, 주의 날에 복음을 모르는 자들과는 달리 성도들이 받을 영광과 기쁨 그리고 이어지는 5절 이

하의 불의한 자들이 받게 될 심판과 멸망과는 명확하게 대조를 이루면서, 이러한 날을 맞는 자가 가져야 할 자세가 무엇인지를 언급합니다.

주의 날이 이르렀다고 해서

이미 구약 시대에도 '여호와의 날'을 언급해 왔습니다. 물론 이날은 종종 메시아의 초림에 대한 예언으로 이야기되기도 하였으나, 예수님께서도 이미 이날에 대한 교훈과 함께 어느 날 갑자기 임하게 될 것이라는 사실을 말씀하셨습니다.

비교적 그날의 징조(마 24:3-14; 막 13:3-13; 눅 21:7-19)와 성도들이 겪게 될 환난(마 24:15-28; 막 13:14-23; 눅 21:20-24)을 소상하게 말씀하신 우리 주님은 직접 하늘에서 영광 중에 임하실 것임을 분명하게 밝히십니다(마 24:29-31; 막 13:24-27; 눅 21:25-28).

비록 본문에서는 바울이 보낸 편지나 영으로나 말로 듣게 된 '주의 날'이라고 하지만 그날에 대한 가르침이나 증거는 초대교회로부터 매우 강조되어 온 핵심적인 교훈입니다. 물론 "우리에게서 받았다 하는 편지로나"라는 어투로 보아 실제로 바울이 편지를 보낸 것인지, 아니면 바울은 편지를 보낸 적이 없음에도 불구하고 누군가가 바울 일행의 이름으로 보낸 편지일수도 있지만 이 교훈 자체가 잘못되거나 문제가 되는 것은 아닙니다. 주의 날, 곧 종말에 대한 교훈은 성도들이라면 이미 알고 있는 내용이기 때문입니다.

바울은 예수 그리스도의 재림과 세상 종말에 대해서는 철저하게 가르쳤으나 데살로니가교회에 보낸 편지로 보아서는 '재림의 임박성'과는 약간의 거리를 두고 있는 것은 사실입니다. 그러나 바울이 성도들에게 철저한 종말에 대한 준비를 강조하는 것은 우리 주님께서 재림하는 그날은 아무도 모르게 갑자기 임하는 날이기 때문입니다.

쉽게 마음이 흔들리거나 두려워하거나 하지 말아야 한다는 것이라

재림의 소식을 들었다고 해서 두려워하거나 흔들리는 일이 없어야 합니다. 그리스도인라면 이미 알고 있는 내용이기도 하지만, 궁극적으로 우리가 기다리는 날이기 때문입니다.

성도들이란 바로 이날을 '기다리는 사람들'을 지칭합니다. 당연하게 와야만 하는 그날이요, 성도들이 손꼽아 기다리는 그날이요, 궁극적으로 이루어지게 될 그 나라가 임하는 그날입니다.

더구나 두려워하는 날이 아니라 친근한 그날이 되어야 합니다. 교회라는 훈련소를 통하여 천국 시민의 훈련을 받은 성도들이 그날이 임하였을 때에 흔들리거나 두려워 떠는 일이 있다면 이것은 결코 바람직한 일이 아닐 것입니다. 전쟁은 일어나지 않아야 하나 군사들의 무공은 오히려 전쟁으로 인하여 더욱 빛나게 되는 것처럼, 성도들의 영광과 기쁨은 그날이 임함으로 완성이 되기 때문입니다.

물론 본문에서 문제를 삼는 것은 일부 거짓된 무리들이 종말에 대한 그릇된 가르침으로 믿음이 약한 성도들이 중심을 잃고 그들의 그릇된 주장에 현혹이 되어서는 안된다는 사실을 강조하기 위한 것으로 볼 수도 있습니다.

누가 어떻게 하여도 미혹되지 말라

사실 이날을 가장 두려워하는 자들이 있습니다. 악한 자들입니다. 불신자들입니다. 그러나 이들보다 더욱 두려워하는 자들이 사탄과 그를 따르는 귀신들입니다. 사실 자기의 때가 얼마 남지 않았다는 것을 가장 잘 압니다.

이는 마귀가 자기의 때가 얼마 남지 않은 줄을 알므로 크게 분
내어 너희에게 내려갔음이라(계 12:12)

그래서 그는 최후의 발악을 합니다. 베드로도 이를 두고 성도들에게 깨어 있을 것을 권고한 적이 있습니다.

근신하라 깨어라 너희 대적 마귀가 우는 사자같이 두루 다니며
삼킬 자를 찾나니(벧전 5:8)

그래서 바울은 이들에게 권면하는 것입니다.

누가 어떻게 하여도 너희가 미혹되지 말라(살후 2:3 상반절)

사탄의 속성은 다음과 같습니다.

첫째, 권세가 있습니다.
둘째, 끊임없이 유혹합니다.
셋째, 끝까지 참소합니다.

본래 천사장이었던 루시퍼가 자기의 자리를 이탈합니다. 그래서 사탄이 됩니다. 성경에는 사탄이라는 말 대신 악마, 마귀 등으로도 번역하는데 모두 단수로 표현됩니다. 사탄은 타락한 천사장이고, 이를 따르던 타락한 천사들은 복수인 귀신들, 악령들로 번역합니다.

종종 창세기 39장에 나오는 보디발의 아내를 사탄의 대표적인 상징으로 설명하는 경우가 많습니다.

① 보디발의 아내는 권세가 있습니다. 요셉은 종에 불과합니다. 한 번 두 번 유혹하다 마는 것이 아닙니다. 보디발의 아내는 요셉을 ② '날마다' 유혹하였습니다(창 39:10). 결국 죄가 없는 요셉에게 죄를 뒤집어씌우므로 ③ 참소를 합니다(창 39:14-15). 우리들은 누가 어떠한 유혹을 하더라도 요셉처럼 미혹되지 않아야 합니다.

그러나 아직은 아닙니다

아직은 아니기 때문에 힘이 듭니다. 그래서 우리의 인내가 필요하고, 기다려야 하는 것입니다. 지금 바로 주님이 오신다면, 그의 나라가 이루어진다면 긴장할 필요도 없습니다. 철저히 준비하지 않아도 됩니다. 그냥 그 나라에 가면 됩니다. 그러나 더딥니다. 그래서 흔들리지 말라, 두려워하지 말라, 미혹되지 말라는 것입니다.

더 무서운 것은 배교하는 자가 먼저 나타난다는 것입니다. 믿음을 부인하고 교회를 대적하는 자들이 먼저 나타날 것입니다. 불법의 사람들이 나타납니다. 멸망의 아들들이 나타납니다. 그 이전에는 아직 종말이 아니라는 것입니다.

심지어 하나님을 대적하는 자, 곧 신이라고 불리는 모든 것과 숭배함을 받는 모든 것들도 문제인데 그 위에 또한 자기를 높이고 군림하며, 스스로 하나님이라고 내세우는 자들이 나타납니다. 우리가 말하는 소위 '적그리스도'입니다. 아무도 이런 자들을 따르지 않고 넘어가지 않을 것으로 보이지만, 사실은 많은 사람이 미혹을 당합니다.

사탄의 권능을 지나치게 과하게 여겨서도 안 되지만 가벼이 여기는 일도 없어야 합니다. 기도와 말씀, 찬양으로 사는 성도들에게는 함부로 근접할 수 없으나 호시탐탐(虎視眈眈) 기회를 엿보는 사탄을 대적하기 위해서는 늘 근신하며 깨어 있어야 할 필요가 있습니다.

바울이 데살로니가교회 성도들에게 권면하던 그때로부터 2천 년의 시간이 지났습니다. 그때나 지금이나 여전히 말세요, 종말의 시기인 것은 분명하지만 지금은 말세지말(末世之末)이라는 세인들의 말에도 귀를 기울여야 합니다.

바울이 데살로니가교회의 성도들에게 보낸 편지이지만 본문의 결론은 주의 날이 이르렀다고 할지라도 경거망동하거나 두려워해서도 안 되지만 그러나 방심하거나 무방비상태로 그날을 기다리는 것은 더더욱 위험한 일이 아닐 수 없다는 것입니다. 그리고 이 사실을 교훈합니다.

{ 선교를 위한 기도와 실천 과제 }

· · ·

1. '종말의 날'이 임박한 것은 사실입니다. 악한 자들이 이날을 어떤 방법으로 이용하여 우리를 현혹시키는 지 자신의 경험을 중심으로 이야기해 봅시다.

2. 그날이 임박할수록 우리들이 가져야 할 자세는 어떠하여야 합니까? 오늘 본문을 중심으로 생각해 봅시다.

3. 이단이나 우상 숭배자가 아니라도 교회 안에서 혹시라도 대적자의 흉내를 내거나 염소의 짓을 하는 양들이 없는지 살펴보고 정죄하기보다는 그들을 깨우치기 위한 방법이 없는지 생각하며 기도합시다.

5. 불의와 심판

□ ■ □

- 읽을 성경: 데살로니가후서 2:5-12
- 외울 말씀: 악한 자의 나타남은 사탄의 활동을 따라 모든 능력과 표적과 거짓 기적과 불의의 모든 속임으로 멸망하는 자들에게 있으리니 이는 그들이 진리의 사랑을 받지 아니하여 구원함을 받지 못함이라(살후 2:9-10)
- 부를 찬송: 348장(통 388장) "마귀들과 싸울지라"

□ ■ □

본문 내용 읽기

1. 종말의 날이 임박하였음에도 불구하고 기억나지 못하게 하고 완전하게 깨닫지 못하는 이유가 무엇이 있기 때문이라고 합니까?(5, 6절)

2. 막는 것, 곧 불법한 자가 드러나는 때는 언제입니까?(8절)

3. 악한 자들이 미혹하는 역사를 하나님께서도 그냥 버려두시는 이
   유를 바울은 무엇 때문이라고 설명합니까?(11, 12절)

말씀 이해를 위하여

아무리 강조해도 지나침이 없는 것이 '임박한 종말
에 대한 준비'입니다. 그날이 언제 이를지 모르기 때문입니다.

전쟁이 비극이라고 설명하시던 모 교회 목사님의 사적인 이야기가 생
각납니다. 정말 그럴 줄은 몰랐답니다. 잠시 후면 가족들에게 돌아오리
라고 생각하고 부인과 어린아이에게 축복하고 인민군으로 소집되어 전
쟁터로 끌려나오셨다고 합니다. 그러나 포로가 되었고 평생 동안 만나지
도 못하는 영원한 이별이 될 줄을 꿈에도 생각하지 못했다는 것입니다.

우리의 이별도, 우주적인 종말도, 우리의 마지막도 마찬가지입니다.
어느 날 갑자기 일어날 수 있는 일입니다. 홀연히 천군천사들의 나팔 소
리와 함께 우리 주님께서 공중으로 다시 오실 것입니다. 들림을 받는 자
와 버림을 받는 자들이 생깁니다. 그래서 예수님도 이날의 징조를 말씀
하시고(막 13:5-8), 미련한 처녀와 슬기로운 처녀의 비유(마 25:1-13)를
말씀하셨습니다.

너희에게 말한 것을 기억하지 못하느냐

유비무환(有備無患)이라는 말이 있습니다. 항상 그 날에 대한 준비가 되어 있어야 합니다. 바울이 데살로니가에 머무를 때부터 이야기한 것입니다. 이미 불법은 시작되었으나 지금은 막는 것이 있다고 이야기합니다.

이 '막는 것'에 대한 해석이 구구합니다. 학자에 따라 극과 극에 이르는 다양한 해석이 있습니다. 우리의 눈을 막기 위한 존재로는 사탄이나 그의 하수인인 로마 제국과 같은 정치 세력이나 법률과 정치로 보는 이도 있습니다. 혹은 불법이 성행하기는 하나 아직 완전히 불법을 행하는 자들이 나타나지 않았기 때문에 성령님께서 잠시 지체하게 하실 수도 있다는 주장도 있습니다. 바울은 "아직은 아니다."라고 이야기함으로 잠시 준비 기간을 가지도록 막는 것이라는 해석도 있지만, 어느 방향이든 종말에 대한 준비가 언제나 필요하다는 것은 사실입니다.

전쟁에 대한 말씀을 드렸지만 '유비무환'에 대한 가장 모범적인 나라가 있습니다.

스위스 사람들은 땅속에서만 3년을 살 수 있습니다. 수백 년 동안, 그것도 1, 2차 세계대전 때에도 전쟁을 치르지 않았던 나라가 언제나 그날(여기서는 혹시나 전쟁이 일어날지도 모른다는)에 대한 철저한 준비로 말미암습니다.

대개 스위스를 다녀온 사람들은 국민들의 검소한 생활과 소박한 식생활에 놀랍습니다. 그들이 먹는 음식물들은 3년 전에 수확한 것들로 설령

핵전쟁이 일어난다 할지라도 아무런 구애를 받지 아니하고 땅속에서 살 수 있게 되어 있으며, 석유를 비롯한 각종 에너지 비축은 물론 아름다운 고속도로나 관광지로 꾸며진 전 국토도 유사시에는 언제든지 비상 활주로와 요새 등 군사 시설로 바뀌게 된다는 것입니다. 이것도 정부 주도에 의한 것이 아니고 이러한 일들도 주민들의 의사에 의하여 국민투표로 결정되었다는 사실에 놀라지 않을 수 없습니다.

평소에는 군인이 없는 나라임에도 모든 국민이 평소에도 실탄이 장전된 총기를 메고 훈련을 받는 모습을 볼 수 있는 나라, 현역이라 해봤자 자위대라고 할 수밖에 없는 불과 3~4천 명으로 국경과 무기고를 지키거나 훈련 교관이 아니면 군용기를 조종하는 조종사들인데 유사시에는 24시간 안에 30만 명, 48시간 내에 60만 명의 군대가 집결할 수 있는 나라(전체 국민 650만 명), 열악한 자연환경이지만 세계적인 은행의 나라를 만들 수 있었던 힘은 바로 유사시를 위해 철저하게 '준비된 자세' 때문일 것입니다.

남자는 20세만 되면 군사학교에 들어가 몇 개월간의 훈련을 받아야 하며, 그 후 매년 3주일 이상 군사 훈련을 받고, 32세가 넘으면 연간 2주 이상을 그리고 차츰 횟수를 줄여가며 55세가 되기까지 국방의 의무를 다한다는 이 정신은 기독교 국가인 이 나라가 아마도 성경에서 언제나 그 날(여기서는 주님께서 '재림하시는 날'을 의미)에 대한 교훈을 따르기 때문이 아닌가 생각합니다.

그때에 불법한 자가 나타나리니

본문에서는 아직 그 불법한 자가 노골적인 본색을 드러내지 않은 것으로 설명합니다. 그래서 "불법의 비밀이 이미 활동하였으나 지금은 그것을 막는 자가 있어(살후 2:7)"라고 표현하였습니다. 그러니까 지금은 하나님을 대적하는 악한 세력들이 비밀스럽게 활동하고 있다는 것입니다. 그러나 그것이 다 드러날 때가 있습니다. "그때에 불법한 자가 나타나리니(살후 2:8)."라고 성경은 말합니다. 시대적인 상황도 그렇지만 개인적으로도 저는 이 말씀을 대할 때에 크게 두려움에 떨 때가 많습니다.

때때로 우리도 잘못을 저지릅니다. 크든 작든 간에 이러면 안된다는 생각을 할 때가 많습니다. 그런데 용케도 숨겨집니다. 아무도 모릅니다. 물론 하나님은 아시지만 이것이 드러날 때가 있다는 것을 생각하면 끔찍스럽습니다.

첫째는 하나님이 우리에게 회개할 기회를 주시기 위하여 비밀에 붙이시고 기다리시는 경우라고 생각할 수도 있고, 둘째는 악한 사탄이 자기 때가 되면 노골적으로 터뜨리기 위하여 지금은 비밀리에 붙여 두었기 때문이라고 생각할 수도 있습니다.

그러나 결국 그날이 오고야 말 것입니다. 그러므로 정신을 바짝 차려야 합니다. 물론 불법한 자가 은밀한 것들을 공개하며 하나님을 대적하는 그때가 되면 주님도 가만히 계시지는 않으십니다. 자기 백성들을 끝까지 보호하시는 하나님이시기 때문입니다.

그때에 불법한 자가 나타나리니 주 예수께서 그 입의 기운으로
그를 죽이시고 강림하여 나타나심으로 폐하시리라(살후 2:8)

그 입의 기운이 무엇입니까? (그래서 성경을 읽고 외우라고, 듣고 묵상
하자고 강조하는 것이 아닐까요?) 우리의 연약함과 불법과 죄악이 입술의
기운인 말씀으로 말미암아, "그들을 향하사 숨을 내쉬며 이르시되 성령
을 받으라(요 20:22)."고 하신 바로 그 성령님으로 말미암아 악한 그들을
꺼꾸러뜨리실 것입니다.

그러나 그때까지도 이들의 계략에 빠져 허우적거리는 성도들이 있다
면 아무리 회개와 구원을 이룬다고 할지라도 그 부끄러움은 이루 말로
다 표현할 길이 없을 것입니다.

그래서 우리는 그날을 준비해야 하는 것입니다. 사탄이 이제는 때가
되었다고 하며 터뜨리는 그날이 오기 전에 그리하여야 할 것입니다. 이
것이 바로 그날을 준비하는 우리들의 자세입니다.

진리를 믿지 않고 불의를 좋아하는 모든 자들

진리를 따르고 불의를 싫어하는 우리들까지도 끊임
없이 미혹하는 사탄입니다. 그러므로 하나님을 알지 못하는 자들을 멸망
의 길로 이끌고 가기란 그리 어렵지 않을 것입니다. 그래서 바울은 "악한
자의 나타남은 사탄의 활동을 따라 모든 능력과 표적과 거짓 기적과 불의

의 모든 속임(살후 2:9-10 상반절)"은 멸망하는 자들에게 있게 될 일이라고 설명합니다.

그들은 구원을 받을 수가 없습니다. 하나님께서도 오히려 미혹의 역사를 그냥 버려두십니다. 방치하십니다. 이것을 신학적 용어로 '유기(Reprobation)'라고 합니다. 영벌(永罰)이라고 해석하기도 합니다. "진리를 믿지 않고 불의를 좋아하는 모든 자들(살후 2:12)"이기 때문에 "미혹의 역사를 그들에게 보내사 거짓 것을 믿도록(살후 2:11)" 그냥 버려두는 것입니다.

유의하시기 바랍니다. 사탄도 능력을 행합니다. 표적이 있습니다. 거짓된 것이지만 기적이 나타납니다. 이것들을 따르는 사람들이 있습니다. 그들이 좋아하는 것은 진리가 아닙니다. 불의를 좋아합니다.

성도 여러분! 안타깝게도 믿음의 성도들도 불의를 행하고 부지중에 불법을 행하기도 합니다. 미혹을 당하기도 합니다. 그러나 우리는 진리를 따르기를 원합니다. 불의를 싫어합니다. 저들과는 근본이 다릅니다.

문제는 우리의 힘으로는 우리의 소원대로, 우리가 바라는 바 선을 행하지 못한다는 데 있습니다. 그래서 바울은 지금 주님의 능력에 의지할 것을 호소하는 것입니다.

진리를 믿지 않고 불의를 좋아하는 모든 자는 심판을 면하지 못합니다. 그때가 다가오는 것도 모르고 지금도 그들의 불의를 좇는 성도가 있다면 속히 돌아서야 할 때가 바로 이때입니다.

{ 선교를 위한 기도와 실천 과제 }

· · ·

1. 악한 자들의 궤계가 숨겨 있어서 진작 알아야 할 사실들을 미처 알지 못하여 저지른 실수들이 없었는지를 살펴봅시다. 그리고 그 사실을 깨닫게 된 때는 언제였는지를 확인해 봅시다.

2. 언제나 '유비무환'의 정신으로 살아야 하는 이유를 나의 경험을 통하여 확인하고, 지금 내가 가져야 할 자세를 이야기해 봅시다.

3. 늦다고 할 때가 시작할 때입니다. 다음을 이야기하는 가족이나 친구들이 있다면 그들을 위하여 기도하되, 복음 전파와 선교의 긴박성을 이야기하는 이유가 무엇인지 토의합시다.

6. 재림을 기다리는 자

□■□

- 읽을 성경: 데살로니가후서 2:13-17
- 외울 말씀: 그러므로 형제들아 굳건하게 서서 말로나 우리
  의 편지로 가르침을 받은 전통을 지키라(살후 2:15)
- 부를 찬송: 176장(통 163장) "주 어느 때 다시 오실는지"

□■□

본문 내용 읽기

1. 마지막 그날, 우리가 우리 주 예수 그리스도의 영광을 얻게 되는
   것은 우리들이 어떤 조건으로 부르심을 받았기 때문입니까?(14
   절)

2. 그날이 가까울수록 우리들이 데살로니가교회의 교인들이 지켜야
   할 것이 무엇이라고 교훈하고 있습니까?(15절)

3. 데살로니가교회의 성도들을 위한 바울의 기도 내용 중에 아버지
   께 부탁하는 내용이 무엇인지 확인합시다.(17절)

말씀 이해를 위하여

예수 그리스도의 재림과 심판, 악한 세력들의 멸망
에 대하여 경고한 사도 바울은 본문에서 믿음으로 구원받은 자에 대한 감
사와 그리스도인으로서 복음으로 부르신 하나님께 영광을 돌리는 삶에
대하여 이야기합니다. 믿음에 굳게 서서 전통을 귀히 여기라는 부탁과 함
께 이 일을 위하여 하나님께서 친히 위로하시고 소망을 주시며, 굳건하게
하여 주실 것을 간구합니다.

이러한 바울의 감사와 부탁과 기도는 실제로 재림을 기다리는 자, 곧
이 시대를 살아가는 성도들이 가져야 할 중요한 자세입니다.

그래서 먼저 예수님의 동생이자 사도인 야고보는 종말 신앙을 가진
성도들에게 부탁하는 말씀(약 5:7-9) 중에 "형제들아 서로 원망하지 말
라 그리하여야 심판을 면하리라 보라 심판주가 문밖에 서 계시니라(약
5:9)."고 이야기함으로 원망이 아닌 감사 생활을 해야 하는 이유를 분명
하게 설명하였습니다.

그리고 바울이 고린도교회 성도들에게 부활 신앙을 강조하는 중에 결
론적인 부탁으로 "견실하며 흔들리지 말고 항상 주의 일에 더욱 힘쓰는
자들이 되라(고전 15:58)."고 함으로 마지막 때일수록 다른 사람에 대하

여는 굳건한 신앙이 얼마나 중요한가를 교훈하고 있는 것입니다.

> **너희 관용을 모든 사람에게 알게 하라 주께서 가까우시니라**(빌
> 4:5)

그날이 가깝기 때문에 더욱 관용하라는 말씀입니다. 그리고 이어지는
말씀이 바로 기도와 간구입니다.

> **아무 것도 염려하지 말고 다만 모든 일에 기도와 간구로, 너희**
> **구할 것을 감사함으로 하나님께 아뢰라**(빌 4:6)

내가 죽을 때의 마지막 모습이 기도하는 자세이기를 원한다는 어느 장
로님의 말씀처럼 종말 성도, 재림을 기다리는 자의 아름다운 모습은 기
도하는 자세임이 분명합니다. 예수님도 십자가 위에서, 스데반도 돌무더
기 속에서 기도하는 중에 운명하였다는 사실이 이를 입증합니다.

우리가 항상 너희에 관하여 마땅히 하나님께 감사할 것은

데살로니가교회 성도들로 말미암아 감사할 것은 하
나님이 이들을 "택하사 성령의 거룩하게 하심과 진리를 믿음으로 구원을
받게 하심이니"라고 했습니다. 이미 편지의 서두에서 바울은 데살로니가

교회 성도들에 대한 감사(살후 1:3)를 언급하였습니다. 그럼에도 불구하고 새삼스럽게 다시 하나님께 감사하는 이유는 앞서 종말과 심판을 교훈하는 중에 악한 이들과 구별된 성도들의 구원에 대한 감격이 북받쳤기 때문인 것으로 보입니다.

특히 헬라어 원문 성경에는 13절의 시작 부분에 '그러나'를 뜻하는 접속사 '데(δέ)'가 바로 이러한 사실을 이야기해 주고 있습니다. 더구나 "주께서 사랑하시는 형제들아!"로 시작되는 호칭은 바울의 이러한 감정을 대변해 줍니다.

그리고 그 구체적인 내용을 진술합니다. "하나님이 처음부터 너희를 택하사"는 바울의 선택이 아님을 이야기합니다. 하나님이 바울을 데살로니가로 보내신 것 뿐입니다. "성령께서 거룩하게" 해 주셨습니다. 바울의 설득으로 거룩해진 것이 아닙니다. "진리를 믿음으로 구원을 받게" 하셨습니다.

구원은 율법의 준행이나 그들의 행위로 말미암은 것이 아닙니다. 이러한 감사를 드리면서 하나님의 궁극적인 목적이 있음을 지적합니다.

"이를 위하여" 하늘로부터 온 천사라도 변개할 수 없는 절대적인 복음(갈 1:8), 우리가 전한 복음, 곧 예수만이 그리스도이심을 믿는 이 복음으로 데살로니가교회 성도들을 부르신 이유는 "우리 주 예수 그리스도의 영광을 얻게 하려 하심이니라(살후 2:14)."는 것입니다. 그 영광을 얻게 된다는 말씀을 더 쉽게 풀이한다면, 이 복음으로 모든 성도가 그리스도의 영광에 참여하게 된다는 이야기입니다.

이 말씀을 공동번역 성경으로 다시 확인합니다.

하느님께서는 이렇게 여러분을 구원하시려고 여러분을 불러 우리가 전하는 복음을 받아들이게 하셨습니다. 그래서 여러분은 우리 주 예수 그리스도의 영광을 받아 누리게 되었습니다 (공동번역, 살후 2:14).

그러므로 형제들아 … 가르침을 받은 전통을 지키라

전통적인 가르침! 수많은 교훈! 그중에서도 종말신앙에서 가장 강조되는 것이 '변질되는 않는 믿음'입니다. 초지일관(初志一貫), 변치 않은 신앙입니다. 신앙의 정조입니다. 바울은 이러한 신앙을 늘 '굳건하게'라는 표현을 썼습니다(고후 1:21; 골 2:5; 살전 3:2; 살후 2:17).

그리스도께서 우리를 자유롭게 하려고 자유를 주셨으니 그러므로 굳건하게 서서 다시는 종의 멍에를 메지 말라(갈 5:1)

귀한 것일수록 변질되면 추합니다. 몸에 좋은 음식일수록 변질되면 독이 됩니다.

더욱 가관인 것은 가짜일수록 더 진짜처럼 보이는 것인데 보석들을 보면 더욱 그렇습니다. 흔한 것은 가짜가 없습니다. 그러나 다이아몬드와 같은 보석은 가짜가 있습니다. 진짜보다 더 진짜처럼 보입니다.

교회는 아름다운 전통을 지니고 있습니다. 그런데 문제는 아름다운 전통이 시간이 지나면서 타성에 젖다 보니 진짜 아름다움을 느끼거나 깨닫지 못한다는 것입니다.

변질되어서도 안 되고, 가짜가 판을 쳐서도 안 되지만, 스스로 보석인 것을 포기하고, 변질시키는 일도 없어야 합니다.

교회의 아름다운 전통이 변질되자 제 자리를 지켜야 한다고 일어난 운동이 개혁 운동입니다. 개혁 운동의 가장 확실한 근거는 성경으로 돌아가자는 것입니다. 이 운동마저 초심을 잃어버린다면 희망이 없습니다.

명심해야 합니다. 우리들의 성경은 말로나 편지로 된 가르침을 묶어서 하나의 거룩한 경전으로 만든 것입니다.

> 그러므로 형제들아 굳건하게 서서 말로나 우리의 편지로 가르
> 침을 받은 전통을 지키라(살후 2:15)

너희 마음을 위로하시고 … 굳건하게 하시기를 원하노라

종말의 교훈과 함께 재림을 기다리는 자들을 위하여 기도하는 본문(16-17절)은 크게 세 부분으로 나누어 생각해 보아야 합니다.

먼저 기도의 대상을 언급하고 있습니다. "우리 주 예수 그리스도와", "우리를 사랑하시고 영원한 위로와 좋은 소망을 은혜로 주신 하나님 우리 아버지"입니다. 우리 주 예수 그리스도는 예수님의 풀 네임(full name)

입니다. '구원'이라는 뜻을 가진 예수님의 이름과 '메시아'라는 뜻의 '그리스도'는 예수님의 직분입니다. '기름 부음을 받은 자'라는 의미로 구약의 왕, 제사장, 선지자의 삼중직(三重職)을 동시에 만족하는 예수님의 직책입니다. 동시에 신앙고백적인 표현이 '우리 주'라는 호칭입니다. 그분이 나의 주인이 되신다는 것입니다.

'하나님'에 대해서도 마찬가지입니다. 우리의 기도를 응답하실 그분은 '우리 아버지'이신 하나님이십니다. 그리고 '우리를 사랑하시고 영원한 위로와 좋은 소망을 은혜로 주신 하나님'이라고 함으로 체험적인 고백의 내용을 동시에 담고 있습니다.

우리가 드리는 실제적인 기도는 하나님이 우리의 기도의 대상이시며, 예수 그리스도의 이름으로 간구합니다. 동시에 성령님께서는 "우리의 연약함을 도우시나니 우리는 마땅히 기도할 바를 알지 못하나 오직 성령이 말할 수 없는 탄식으로 우리를 위하여 친히 간구(롬 8:26)"하십니다.

그런데 본문은 성자이신 예수 그리스도를 앞세우고 있습니다. 학자들은 성부 하나님보다 성자 예수님을 먼저 언급한 것은 종말의 교훈과 함께 마지막 그날, 예수님이 유일한 중보자이심을 강조하기 위한 것으로 보았습니다.

이 기도에서 중요한 것은 그 내용입니다. 바울은 데살로니가교회 성도들의 마음을 위로해 주실 것을 구합니다. 종말의 성도들이 당하는 핍박과 환난이 있기 때문입니다.

그리고 모든 선한 일과 말에 굳건하게 하시기를 간구합니다. 선한 일을 하다가 포기하기 쉽습니다. 거짓 교사들의 가르침에 미혹되기가 쉽습니다.

그래서 목사님들은 성도들을 위하여 가끔 새벽 기도 시간에 이렇게 기도합니다.

"우리 성도님들, 오늘 하루 가운데 말과 행동에 실수가 없게 하소서!"

선한 일에도 힘써야 하지만 선한 말을 해야 합니다. 구원의 확신과 주의 재림에 대한 소망, 끝까지 인내하며 기다리는 성도들의 자세를 바울은 "믿음, 소망, 사랑"으로 표현한 적이 있습니다(고전 13:13).

모든 유혹을 이겨야 합니다. 진리의 말씀 위에 굳건하게 서야 합니다. 주의 재림을 기다리는 주의 백성들은 슬기로운 처녀들처럼 분명한 기름 준비가 되어 있어야 합니다.

{ 선교를 위한 기도와 실천 과제 }

· · ·

1. 우리들을 부르시고 구원하셨다는 복음이 온전히 이루어지는 때는 어느 때입니까? 바울은 이것을 "우리 주 예수 그리스도의 영광을 얻게 하심" 이라고 하였습니다. 그 구체적인 의미를 묵상합니다.

2. 이 영광스러운 일을 위하여 우리가 이 땅에서 지켜야 할 것이 있습니다. "굳건하게 하라."는 교훈의 내용이 구체적으로 무엇인지를 확인합시다.

3. 소망 가운데 이 일을 이루기 위하여 인내가 필요합니다. 이 일을 위하여 수고하는 사역자들과 선교사들, 그리고 자신을 위하여 기도합시다.

7. 기도로서의 교제

- 읽을 성경: 데살로니가후서 3:1-5
- 외울 말씀: 주는 미쁘사 너희를 굳건하게 하시고 악한 자에 게서 지키시리라(살후 3:3)
- 부를 찬송: 221장(통 525장) "주 믿는 형제들"

본문 내용 읽기

1. 바울이 데살로니가교회의 성도들에게 부탁하는 기도의 내용은 무엇입니까?(1, 2절)

2. 이러한 기도에 대한 응답을 바울은 어떻게 확신하고 있습니 까?(3절)

3. 동시에 바울은 데살로니가교회의 성도들에 대한 신뢰도 대단합

니다. 이러한 믿음에 대한 구체적인 내용이 무엇입니까?(4, 5절)

말씀 이해를 위하여

성도 간의 교제가 중요합니다. 성도들의 친교(코이노니아)는 교회의 부분적 특수 기능입니다. 예수님께서도 계명을 교훈하시며 하나님 사랑과 함께 이웃 사랑을 말씀하셨습니다.

> 예수께서 이르시되 네 마음을 다하고 목숨을 다하고 뜻을 다하
> 여 주 너의 하나님을 사랑하라 하셨으니 이것이 크고 첫째 되
> 는 계명이요 둘째도 그와 같으니 네 이웃을 네 자신같이 사랑
> 하라 하셨으니 이 두 계명이 온 율법과 선지자의 강령이니라
> (마 22:37-40)

사랑이라는 좋은 관계를 이야기합니다. 물론 그 내용과 성격에 따라 에로스(Eros, 본능적 사랑), 스톨게(Storge, 가족 혹은 불변적 사랑), 필리아(Philia, 우정 혹은 주고받는 사랑), 아가페(Agape, 무조건 혹은 파격적 사랑)를 이야기하지만 사실은 이 모두가 '관계'라는 줄로 묶여져 있습니다.

더구나 기독교적인 사랑은 조건이 없다고 하지만 이 '절대적인 사랑'마저도 하나님과의 관계 내지는 교제라는 의미를 가지고 있습니다. 더구나 본문을 통하여 알고 깨달아야 할 것은 이 모든 관계의 매개체가 바로

'기도'라는 사실입니다.

기도는 '하나님과의 교통'이기도 하지만 성도 간의 교제와 친교에도 매우 중요한 역할을 합니다. "끝으로 형제들아 너희는 우리를 위하여 기도하기를(3:1 상반부)", "너희에 대하여는 … 확신하노니 주께서 너희 마음을 인도하여 하나님의 사랑과 그리스도의 인내에 들어가게 하시기를 원하노라(3:4-5)."는 바울이 데살로니가교회 성도들을 위한 기도만큼 데살로니가교회 성도들도 바울을 위한 기도를 하는 일이 중요하다는 사실을 설명해 주고 있는 것입니다.

너희는 우리를 위하여 기도하기를

바울은 먼저 자신들을 위하여 기도해 줄 것을 요구합니다. 베푸는 것만 미덕은 아닙니다. 주고받는 사랑이 아름답습니다. 마음도 중요하지만 표현하는 것이 더 아름답습니다.

바울은 여러 곳에서 성도들에게 기도를 요구합니다. 로마서 15장 30절, 고린도후서 1장 11절, 빌립보서 1장 19절, 골로새서 4장 3절 등에서 볼 수 있습니다.

그리고 그가 요구하는 기도는 복음과 전도의 사역을 위한 것이 대부분입니다. 본문에서도 이 범위를 벗어나지 않습니다.

주의 말씀이 너희 가운데서와 같이 퍼져 나가(살후 3:1)

바울은 지금 아가야 지방인 고린도에서 복음을 전하고 있습니다. 그러나 이 편지는 좋은 소문이 나 있는 데살로니가교회, 자신이 그토록 자랑스럽게 여기는 데살로니가교회 그리고 주의 말씀이 퍼져 나감으로 (개역한글 성경에는 "달음질을 한다."라는 표현을 쓰고 있음) 영광스러운 데살로니가교회처럼 고린도에서도 그러한 역사가 나타나기를 고대하며 기도를 부탁하는 것입니다.

복음은 '주의 말씀'을 의미합니다. 특별히 말씀이 육신이 되셔서 우리 가운데 오신 '계시된 말씀'이 예수 그리스도이시지만, '기록된 말씀'의 중심이 예수 그리스도이시자 복음입니다. 그러므로 당연히 '선포되는 말씀'도 복음이어야 합니다.

이 말씀의 확산과 복음 전파를 위하여 우리들도 기도하여야 합니다. 이 일이 교회의 궁극적인 사명이요, 모든 그리스도인들이 반드시 이행하여야 할 의무입니다. 나가서 전하지 못한다고 하더라도 기도하는 일이 우선적이라는 사실을 깨달아야 합니다.

두 번째 기도 제목이 있습니다.

우리를 부당하고 악한 사람들에게서 건지시옵소서 하라(살후 3:2)

여기서 건져 달라고 기도를 부탁하는 것은 '복음 사역에 방해를 하는 자들에게서'라고 보는 것이 좋습니다. 부당하고 악한 사람들도 문제이겠으나 그 배후에서 역사하는 악한 영의 문제가 사실은 더 심각합니다. 왜냐하면 교회 안의 선한 사람이 때때로 복음과 말씀의 확산에 방해하는 일을 부지중에 저지르는 일이 많이 있기 때문입니다. 그래서 이어지는 말씀이 중요합니다.

믿음은 모든 사람의 것이 아니니라

아마 그때나 지금이나 마찬가지인 것 같습니다. 비록 지금은 명목상의 그리스도인(Nominal Christian)이라고 하지만 이름만 그리스도인일 뿐, 전혀 믿음을 가지지 아니한 사람들이 있기 때문에 '믿음은 누구나 다 가질 수 있는 게 아니다.'라고 한 것이 아닌가 봅니다.

저는 개인적으로 교회 안에는 부당하고 악한 사람이 있을 리가 없다고 생각합니다. 그러나 염소가 아님에도 양이 염소의 흉내를 내듯이 그 모습이 악하고 부당할 때가 없지 않다고 봅니다.

이러한 것은 인간적인 노력이나 설득으로 되는 일이 아닙니다. 영적인 일은 영적으로 해결해야 합니다. 그런데 믿음이 없는 사람이 영적 사역인 기도를 감당할 수 없습니다. 그래서 기도를 부탁하는 것입니다.

복음 전파를 위한 기도와 함께, 악한 자들로부터 건짐을 받도록 ….

물론 본문이 의미하는 본래적인 뜻은 "모든 사람이 다 복음을 믿는 것이 아니기 때문에(for not everyone believes the message)", "모든 사람이 다 신앙을 가지는 것이 아니기 때문에" 이 일을 위하여 기도해 달라는 것입니다.

주는 미쁘사 너희를 굳건하게 하시고

우리말 번역에 '미쁘다'라는 단어가 자주 등장합니다. '믿음직스럽다, 믿을 만하다, 미덥다'라는 의미이지만 '신실하다'라는 말로 풀이하는 것이 옳을 것 같습니다. '믿음'과 '진실됨'이 함께 포함되어 있습니다.

> 너희를 불러 그의 아들 예수 그리스도 우리 주와 더불어 교제
> 하게 하시는 하나님은 미쁘시도다(고전 1:9)

> 사람이 감당할 시험 밖에는 너희가 당한 것이 없나니 오직 하
> 나님은 미쁘사(고전 10:13 상반절)

> 하나님은 미쁘시니라 우리가 너희에게 한 말은 예 하고 아니라
> 함이 없노라(고후 1:18)

> 너희를 부르시는 이는 미쁘시니 그가 또한 이루시리라(살전
> 5:24)

특별히 바울은 디모데에게 이 용어를 반복적으로 사용합니다. "미쁘다 이 말이여(딤전 1:15, 3:1, 4:9; 딤후 2:11; 딛 3:8)!"라고 함으로 말씀에 대한 신뢰성을 강하게 표현했습니다. 그 외에도(히 10:23, 11:11; 벧

전 4;19; 요일 1:9) 성경에 자주 등장하지만 디모데후서 2장 13절에는 이 용어를 인간에게 함부로 쓰기가 어렵다는 것을 입증해 주고 있습니다.

> **우리는 미쁨이 없을지라도 주는 항상 미쁘시니 자기를 부인하**
> **실 수 없으시리라**(딤후 2:13)

우리들에게 미쁨이 없지만 우리 주님은 항상 미쁘신 주님입니다. 바울은 데살로니가교회 성도들에게 선언합니다.

> **주는 미쁘사 너희를 (복음 안에서) 굳건하게 하시고 악한 자에**
> **게서 지키시리라**(살후 3:3)

주께서 너희 마음을 인도하여 … 하시기를 원하노라

바울은 기도합니다. 축복합니다. 기도해 달라고 부탁하는 것으로 그치지 않습니다. 양육을 받는 자들을 위하여 기도해 주는 것도 중요하지만 기도하게 하고, 훈련을 시키는 것도 중요하기 때문에 기도 부탁도 하고, 시키기도 합니다. 그래도 양육자는 언제나 자신이 양육하고 있는 분을 위하여 기도의 끈을 늦추는 일이 없어야 합니다.

바울은 아가야 지방의 고린도교회의 성도들과는 달리 데살로니가교회 성도들은 "우리가 명한 것을 너희가 행하고 또 행할 줄(살후 3:4)"로 믿고 확신하지만, 그러나 주님의 선하신 인도와 종말을 기다리는 그들이 더 잘 참아 주기를 바라는 마음으로 기도하지 않을 수 없었을 것입니다.

> 너희에 대하여는 우리가 명한 것을 너희가 행하고 또 행할 줄
> 을 우리가 주 안에서 확신하노니 주께서 너희 마음을 인도하여
> 하나님의 사랑과 그리스도의 인내에 들어가게 하시기를 원하
> 노라(살후 3:4-5)

주님의 인도하심이 필요합니다. 그래서 다윗도 시편 23편을 노래했습니다. 하나님의 절대적인 사랑으로 살아가는 사람들이 그리스도인들입니다.

그러나 주의 재림이 가까울수록 더욱 참고 인내하여야 할 사람들이 바로 종말을 사는 성도들의 모습입니다.

{ 선교를 위한 기도와 실천 과제 }

· · ·

1. 기도는 믿음을 전제로 하는 간구입니다. 즉 믿음이 없이 구하는 것은 한 갓 주문에 불과합니다. 이와 같은 관점을 전제로 우리의 기도생활을 점 검해 봅시다.

2. "두 사람이 땅에서 합심하여 무엇이든지 구하면(마 18:19)" 응답해 주실 것이라는 예수님의 교훈을 생각하며, 믿음으로 나의 기도를 부탁하였을 때에 나를 위하여 기도해 주실 분은 누구이며, 또 나에게 기도를 부탁할 만큼 나를 신뢰하는 성도들이 있다면 그분이 누구인지 생각해 봅시다.

3. 선교사들을 위하여 기도하되, 스스로 신뢰할 만한 선교사들의 기도의 후 원자가 될 각오와 다짐의 시간을 갖도록 합시다.

8. 일하기 싫어하거든

- 읽을 성경: 데살로니가후서 3:6-12
- 외울 말씀: 형제들아 우리 주 예수 그리스도의 이름으로 너
  희를 명하노니 게으르게 행하고 우리에게서 받은 전통대로
  행하지 아니하는 모든 형제에게서 떠나라(살후 3:6)
- 부를 찬송: 330장(통 370장) "어둔 밤 쉬 되리니"

본문 내용 읽기

1. 바울은 게으르게 행하며, 바울이 가르친 전통대로 행하지 아니
   하는 자와의 관계를 어떻게 하라고 하였습니까?(6절)
2. 데살로니가교회의 성도들에게 본을 보이기 위하여 바울은 스스
   로 어떻게 하였노라고 이야기하고 있습니까?(7-9절)

3. 누구든지 일하기 싫어하거든 어떻게 하라고 명령합니까?(10절)

말씀 이해를 위하여

스피노자(Baruch Spinoza, 1632-1677)는 유대인입니다. 네덜란드 암스테르담 출신입니다. 포르투갈계이긴 하나 네덜란드의 유대인 공동체에서 살았으며, 그는 정통한 유대문화를 배경으로 비판적인 사상을 가졌기 때문에 유대 랍비들로부터 배격을 당하였고, 로마천주교회는 그의 모든 저작을 금서 조치하였습니다. 하나님과 자연을 일치시켰다는 점에서 범신론적 사상을 가졌으나 우리나라에서는 바로 이 스피노자가 "내일 지구가 멸망하더라도 나는 오늘 한 그루의 사과나무를 심겠다."라고 이야기한 것으로 알려져 있지만, 그의 서적 중에서 아직 이 내용을 찾아낸 사람은 없습니다. 오히려 종교개혁자 루터(Martin Luther, 1483-1546)의 말로 알려져 있는 것이 일반적인 견해입니다.

분명한 것은 이 내용이 이번 본문의 의미와 같다는 것입니다. 주의 재림과 종말이 가까워올수록 그리스도인들은 하나님 보시기에 부끄럽지 않은 삶을 살아야 하며, 마지막까지 성실한 모습으로 자신에게 주어진 일에 최선을 다하여야 한다는 점에서 "종말이 와도 사과나무를 심겠다."라는 이야기는 누구나 새겨야 할 중요한 명언(名言)임에 분명합니다.

전통을 무시하고 규모 없이 행하는 자들을 떠나라

지금 우리말 성경은 가능하면 원문에 가까우면서도 다음 세대를 생각한 현대적 용어를 사용하려고 하였습니다. 그래서 '우리 주 예수 그리스도'의 이름으로 명령하되 "게으르게 행하고 우리에게서 받은 전통대로 행하지 아니하는 모든 형제에게서 떠나라(살후 3:6)."고 번역하였습니다.

개역개정 성경과 달리 이전 개역한글 성경에는 "규모 없이 행하고 우리에게 받은 유전대로 행하지 아니하는 모든 형제에게서 떠나라."고 하였습니다.

본문을 그대로 읽으면, '규모가 없다'는 말이 '게으르게 행한다.'라는 말로 생각하기 쉽습니다. 그러나 우리의 선배들이 이 단어를 '규모가 없는 자'로 번역한 것은 '제멋대로 행하는 자', '무질서한 자', '규범을 무시하는 자', '불성실한 자', '무위도식하는 자' 등등으로 해석하였기 때문입니다.

교회는 교회 나름대로의 전통이 있습니다. 세상의 법정에서도 육법전서에 기록된 법률만 법으로 인정하는 것이 아니라 관습과 전통도 중요한 법으로 인정합니다.

'신앙과 신학'에도 기준이 있습니다. 첫째는 성경적(Biblical)이어야 하고, 둘째는 역사에 부합되어야(Historical) 하며, 셋째는 실제적(practical)이어야 합니다.

본문에서 강조하는 것은 역사와 전통입니다. 선배들의 가르침을 무시

해서도 안 되며, 지켜온 관습과 전통도 첫 번째 기준인 성경에 위배되지 않는 한 결코 폐기될 수 없습니다.

지켜야 할 법을 지키지 않는 자들이 규모가 없는 자들입니다. 교훈을 무시하는 자들이 바로 '규모 없이 행하는 자들'입니다. 이와 같이 구구하게 설명하는 것은 '규모가 없다.'라는 말이 단순히 '게으른 자들에게' 한정이 되어서는 안되기 때문입니다.

이어지는 7절에서 바로 다른 설명이 따라옵니다. 이번에는 같은 단어가 '무질서하게 행하지 아니하며(7절 하반절)'로 번역되었기 때문입니다.

"떠나라."는 말은 '상대하지 말라.', 교회의 권징으로 말하면 '내쫓으라.'는 의미를 포함하고 있는데 실제로 예수님께서도 유사한 말씀을 하셨습니다.

거룩한 것을 개에게 주지 말며 너희 진주를 돼지 앞에 던지지 말라 그들이 그것을 발로 밟고 돌이켜 너희를 찢어 상하게 할까 염려하라(마 7:6)

주님의 말씀도 이들이 '발로 밟고 돌이켜 찢어 상하게' 하는 것처럼 결국 교회를 어지럽히고 순진한 성도들을 시험에 빠지게 할 수도 있다는 것입니다. 더구나 아름다운 관습과 자랑스러운 전통을 이어 받았음에도 세상의 유혹이나 나쁜 일에 현혹되어 귀한 것을 귀한 줄 모르고, 좋은 교훈을 무시하고 "제 멋대로 행동(표준번역)"한다면 피하거나(떠나거나), 무시하거나 내쫓을 수밖에 없는 것입니다.

누구를 본받아야 할지를 너희가 스스로 아나니

전통을 귀히 여기고 규모 있는 삶을 통하여 데살로니가교회 성도들에게 모범을 보인 지도자들이 있습니다. 바울은 이들에게 너희가 누구를 본받아야 할지를 너희가 스스로 알고 있다고 설파합니다. 그러면서 자신의 행적들을 다시 한번 이야기합니다.

가장 먼저 "우리가 너희 가운데서 무질서하게 행하지 아니하였다(살후 3:7 하반절)."라고 함으로 규모 있는 삶을 살았노라고 강조합니다. 음식을 그냥 먹은 적도 없고, 주야로 일한 것도 어느 누구에게나 피해를 끼치지 않기 위한 것이라고 고백합니다.

> 누구에게서든지 음식을 값없이 먹지 않고 오직 수고하고 애써
> 주야로 일함은 너희 아무에게도 폐를 끼치지 아니하려 함이니
> (살후 3:8)

얼마든지 값없이 먹을 자격이 있었습니다. 이미 예수님께서도 복음을 전하는 자들에게 "여행을 위하여 배낭이나 두 벌 옷이나 신이나 지팡이를 가지지 말라."고 하시며, "일꾼이 자기의 먹을 것 받는 것이 마땅함이라(마 10:10)."고 말씀하셨습니다. 바울도 후에 고린도교회 성도들에게 "우리가 먹고 마실 권리가 없겠느냐(고전 9:4)?"라며 똑같은 주장을 하게 됩니다.

결국 바울 일행이 규모 있는 삶과 음식을 값없이 취하지 아니한 것과

애써 주야로 일한 것은 아무에게도 피해를 끼치지 않게 하는 것으로 그치는 것이 아니고, "우리에게 권리가 없는 것이 아니요 오직 스스로 너희에게 본을 보여 우리를 본받게 하려 함이니라(살후 3:9)."는 내용으로 보아 이 모든 일은 모든 성도에게 모범을 보임으로 그들로 하여금 본받게 하기 위한 것이라고 밝힙니다.

도무지 일하지 아니하고 일을 만들기만 하는 자가 있다 하니

바울이 데살로니가교회의 성도들에게 이 두 번째 편지를 써서 보낸 이유는 우선 박해 중에 있는 데살로니가교회 성도들을 격려하고 재림에 대한 바른 교훈을 하기 위한 것입니다. 물론 종말이 올지라도 자신의 삶과 생계를 위하여 스스로 게으르지 말라는 가르침도 포함됩니다.

일반적으로 본문의 주석자들이나 이 성경을 읽는 독자들은 이 편지의 최종적인 목적이나 이 편지를 쓴 결정적인 이유로 마지막 부분인 3장 10절을 많이 지적합니다.

이 본문은 지금의 권면이 아니고, 이미 가르쳤고 교훈하며 명령한 내용이라는 점에 유의하여야 합니다.

> 우리가 너희와 함께 있을 때에도 너희에게 명하기를 누구든지
> 일하기 싫어하거든 먹지도 말게 하라 하였더니(살후 3:10)

이 말씀에 따르지 않는 사람들이 있다는 것입니다.

실제적인 꾸지람은 그 다음 절입니다.

> 우리가 들은즉 너희 가운데 게으르게 행하여 도무지 일하지 아
> 니하고 일을 만들기만 하는 자들이 있다 하니(살후 3:11)

주의 재림이 임박하자 이제 열심히 일할 필요가 없어졌다고 생각하는 사람들입니다. 구태여 생계를 염려할 이유가 없기 때문에 무위도식(無爲徒食)하고 있는 이들이 생겨났다는 것입니다.

여기에 그치지 않습니다. 일만 하지 않는 것이 아니라 일을 만드는 사람들입니다. 이러한 자들에게 바울은 직접 명령한다고 했습니다.

> 이러한 자들에게 조용히 일하며 자기 양식을 먹으라고 우리
> 가 주 예수 그리스도의 이름으로 명령하며 권한다(표준역, 살후
> 3:12)

기독교는 일하라는 종교입니다

세상에서 일하라는 종교는 오직 기독교뿐입니다. 불교에서는 일하는 재가승(在家僧)보다 일하지 않는 출가승(出家僧)들을 존경하므로 그들의 생활을 책임지게 합니다. 유교는 오히려 일하는 사람

들의 신분이 천하므로 대개 유사(儒士)의 자리는 일하지 않는 사람들이 차지합니다.

그러나 기독교는 그렇지 않습니다. 하나님도 천지를 창조하신 분이십니다. 아담에게도 땀 흘려 일하게 하셨고(창 3:19), 예수님도 "내 아버지께서 이제까지 일하시니 나도 일한다(요 5:17)."라고 말씀하셨습니다. 그래서 바울도 일하기 싫어하거든 먹지도 못하게 하라고 명한 것입니다.

{ 선교를 위한 기도와 실천 과제 }

· · ·

1. 종말이 가까울수록 세상과 결별하여야 하는 것으로 오해하는 자들이 있습니다. 이러한 자들에게 대하여 어떻게 가르칠 것인지를 바울의 교훈을 중심으로 그 내용을 작성해 봅시다.

2. 임박한 종말을 이야기하며 가족 관계나 세상적인 모든 것으로부터 결별을 이야기하며 재산을 갈취하는 이단이나 사이비 집단들이 성행하고 있습니다. 이러한 집단들에 대해 알아보고 그리스도인의 바른 종말관과 비교해 봅시다.

3. 그날이 가까울수록 더욱 복음 전파에 힘을 써야 한다는 사실을 깨닫고 기도하고 끝 날을 위하여 땅 끝에서 사역하는 선교사들을 위하여 더욱 기도합시다.

9. 형제와 같이 권면하라

• 읽을 성경: 데살로니가후서 3:13-18

• 외울 말씀: 평강의 주께서 친히 때마다 일마다 너희에게 평
강을 주시고 주께서 너희 모든 사람과 함께 하시기를 원하노
라(살후 3:16)

• 부를 찬송: 410장(통 468장) "내 맘에 한 노래 있어"

본문 내용 읽기

1. 선을 행하되 낙심하지 말라고 한 이유는 무엇 때문입니까?(13
   절, 고전 15:58 참조)

2. 불순종하는 자를 사귀지 말고 부끄럽게 하되, 원수같이 생각하
   지 말고 어떻게 하라고 하였습니까?(14, 15절)

3. 바울의 축복 기도를 확인하고 외우도록 해 봅시다.(16절)

말씀 이해를 위하여

모든 그리스도인들은 형제입니다. 그것도 피를 나눈 형제입니다. 예수 그리스도의 존귀한 피를 이야기합니다. 물론 한 부모 밑에서 자란 형제가 중요합니다. 그래서 바울도 디모데에게 친족, 특별히 가족의 중요성을 이야기합니다.

> **누구든지 자기 친족 특히 자기 가족을 돌보지 아니하면 믿음을 배반한 자요 불신자보다 더 악한 자니라**(딤전 5:8)

교역자 생활에 빠져서 그런지 몰라도, 혹시 가족들이 알면 섭섭해 할지 모르지만 실제로 친형제자매보다 같은 교회에 다니고 있는 교우들, 그리스도의 피로 형제자매가 된 성도들이 훨씬 더 가깝고 친밀한 관계가 아닌가 생각합니다.

본문에서 이야기하는 '형제같이 권면하라.'는 말씀은 일반적인 이야기와 구별하여야 합니다.

순종하지 아니하는 사람입니다. 사귀기가 어려운 사람입니다. 오히려 '부끄럽게' 해야 할 정도라고 하지만 이들을 원수처럼 대하지 말고 형제처럼 대하라는 것입니다.

어려울 수 있습니다. 아니 어렵습니다. 그러나 이러한 권면이나 충고를 이행하는 것이 힘이 드는 것은 분명하지만 순종하는 것이 십자가의 도를 따르는 사람이 갈 길입니다.

선을 행하다가 낙심하지 말라

규모 있는 삶을 강조하던 바울이 별안간 '선'에 대한 문제를 거론합니다. 더구나 '형제들'이라고 부른 것은 이 편지의 수신자인 데살로니가교회 성도들을 지칭한 말이지만, 그중에서도 헌신적이고 모범적인 성도들인 것으로 추측합니다. 더 쉽게 표현하면, '선을 행하고 있는 성도들'입니다.

본문의 바른 해석을 위하여 '선'에 대한 정의를 확인할 필요가 있습니다. 사전적인 의미의 선(善)은 '착하다'라는 말입니다. 물론 '잘한다(善用, 善處)', '친하다(親善, 善隣)'라는 의미도 있지만 성경적, 신학적 의미의 선은 '악'의 반대 개념으로서 도덕적 개념으로 '기쁘다', '상냥하다', '좋다'라는 의미를 가집니다. 그리고 가치적인 개념으로 쓰이는 경우가 많습니다. '아름답다', '고상하다', '유익하다'라는 뜻으로 사용될 때가 그렇습니다. 또 성경은 하나님의 성품으로서의 선을 이야기합니다. 그의 인자하심과 자비로우심, 긍휼하심 등을 의미합니다. 하나님은 관대하시고, 의로우시며, 정의로우십니다.

여호와는 선하시니 그 인자하심이 영원하고 그의 성실하심이

대대에 이르리로다(시 100:5)

본문에서는 이러한 신학적인 의미보다는 '옳은 일을 하다가' 낙심하지 말라고 보는 견해가 맞는 것 같습니다. 왜냐하면 신학적이고 성경적인 것으로 해석할 경우, 앞에서 이야기한 무위도식하는 사람이나 규모 없이 행하는 자들까지도 포함하기 때문입니다. 그렇게 할 경우, 이어지는 14절에서 그 사람들과는 사귀지도 말고, 부끄럽게 하라는 내용과의 연결이 자연스럽지 않습니다.

물론 모든 그리스도인은 거룩하신 하나님의 선을 이루어 가야 합니다. 그의 성품을 닮아가야 하고, 그의 선을 이루어 가는 삶을 살아야 합니다.

그분의 성품을 이루는 것은 우리들만의 힘으로 어렵기 때문에 하나님은 성령님을 보내 주셨고, 모든 것을 그의 선하신 뜻대로 이루십니다. 성령님은 그의 능력 안에서 선한 일들을 행하십니다(엡 2:10; 롬 8:28, 12:2, 15:14; 골 1:10; 살후 1:11). 그럼에도 불구하고 우리들은 세상에서 그의 선하심을 드러내어야 하고, 그렇게 하려면 당연히 세상적인 선, 곧 바르고 착한 삶을 살아야 합니다.

그리고 이러한 도덕적인 삶도 포기하지 않아야 합니다. 이 일에도 성령님께서 도우십니다. 힘을 공급해 주십니다. 물론 방해꾼들이 있습니다. 그러므로 우리들도 더 열심히 도덕적인 '선'을 행하므로 악한 그들로 하여금 오히려 부끄럽게 하여야 합니다(14절).

그러나 원수같이 생각하지 말고

그들과 사귀지 아니하는 것은 그들을 미워하거나 원수로 삼기 위한 것이 아닙니다. 따지고 보면 도덕적으로 바르게 사는 것이나 세상적인 선을 행하는 것도 궁극적으로는 하나님의 선을 이루기 위하여 우리들이 할 수 있는 최소한의 행위입니다.

살아 계신 하나님, 악을 미워하고 선을 이루는 하나님이심을 보여 주어야 합니다. 그러므로 14절에서 순종하지 않는 사람과 사귀지 아니하거나 그들로 하여금 부끄럽게 만드는 것은 일시적인 것으로 '회개'로 이끌기 위한 목적이 전제입니다. 그래서 15절에서 "원수와 같이 생각하지 말고 형제 같이 권면하라."고 명령한 것입니다.

교회가 내리는 모든 징계의 목적도 당사자들을 파멸시키는 것이 결코 아닙니다. 파멸이 목적이었다면 벌써 우리들 모두 회개의 기회를 얻기 전에 이미 징벌을 받아서 이 자리에 설 수 없었을지도 모릅니다. 그들에게 부끄러움을 느끼게 하는 것은 자각하고 반성의 기회를 주기 위한 것입니다.

> 내가 너희를 부끄럽게 하려고 이것을 쓰는 것이 아니라 오직
> 너희를 내 사랑하는 자녀같이 권하려 하는 것이라(고전 4:14)

비록 그릇된 일을 행하고 잘못을 저질렀다 할지라도 다시 회개함으로 정상적인 생활을 하게 하는 것이 교회가 징계하는 목적입니다.

대한예수교장로회 총회헌법의 권징편(제3편) 제3조에는 이러한 사실을 분명히 하고 있습니다.

제3조 권징의 목적

하나님의 영광과 권위를 위하여 범죄를 미연에 방지하고 교회의 신성과 질서를 유지하고 범죄자의 회개를 촉구하여 올바른 신앙생활을 하게 함을 그 목적으로 한다.

지금 바울이 문제로 삼는 이 사람들은 불신자나 교회 밖의 사람들이 아닙니다. 데살로니가교회 성도들 중에 바울의 교훈을 불순종하는 사람들입니다. 그러므로 그들도 형제입니다.

그릇된 사람이라고 해서 대적하거나 극단적인 대립으로 몰고 가지 말고 형제의 사랑으로 권면하라는 것이며, 원수같이 여기지 말라는 것입니다. 비록 극단적인 조치가 내려졌다고 하더라도 형제애를 버리지 말고 권면하라고 합니다.

하나님은 아담과 하와를 동산에서 내쫓으실 때도 가죽옷을 지어 입히셨고, 가인에게도 죽음을 면하는 표를 주셨으며, 바벨탑 사건으로 인류를 흩어 버리시는 일이 있었지만 복의 근거를 위하여 아브라함을 부르셨습니다.

바울의 축복 기도와 축도

축복하는 기도와 축도는 다르다는 것을 이미 데살로니가전서의 마지막 부분에서도 말씀드렸습니다. '축복'은 말 그대로 성도들이나 가족들을 위하여 '복을 비는 기도'입니다. 그러나 '축도'는 선언입니다.

그래서 우리말 번역에서 축도(祝禱)라는 번역에 문제가 있다고 말씀드렸습니다. 오히려 우리말로 축도라는 말은 '강복(降福) 선언'이 맞습니다.

바울은 편지의 마지막을 바로 이 강복 선언으로 마무리합니다.

> 우리 주 예수 그리스도의 은혜가 너희 무리에게 있을지어다(살후 3:18)

그러나 바울의 축복(16절)은 선언이 아니라 "원하노라."로 "그렇게 되기를 바랍니다."라는 형식의 기도입니다. 기도는 하나님께 드리는 것입니다. 그 내용이 중요합니다.

바울은 평강을 기원합니다. 이 평강의 주인은 주님이십니다. 그래서 "평강의 주께서"라는 주체를 분명히 합니다.

"친히 때마다 일마다" 성도들에게 평강을 주시기를 축복(祝福)합니다. 개인적인 '샬롬'은 우리 몸의 안과 밖이 모두 '편안'한 상태를 이야기합니다. 외적인 편안은 평강이 아닙니다. 말 그래도 편안은 그저 편안에 불과합니다.

이웃과의 관계에서도 그렇습니다. 외형적인 평화는 진정한 화평이 아닙니다. 그러므로 성도들이 드리는 '평화의 기도'는 온전한 관계를 전제로 하는 것입니다.

민족 평화를 위한 기도나 하나님과의 관계에서도 마찬가지입니다. 내적·외적 평화가 모두 이루어져야 진정한 화평, 진정한 평강이 이루어집니다.

{ 선교를 위한 기도와 실천 과제 }

・ ・ ・

1. 선을 행하다가 낙심한 적이 있습니까? 바울이 고린도교회 성도들에게
"너희 수고가 주 안에서 헛되지 않다(고전 15:58)."라고 교훈한 말씀을 기
억하며 하나님 나라의 소망에 대해 이야기해 봅시다.

2. 불순종하는 자들에 대한 성도의 자세에 대한 교훈을 기억하며, 내가 기
도하고 권면하여야 할 대상자의 이름을 구체적으로 거명하며 그를 위하
여 기도합시다.

3. 친히 때마다 일마다 평강을 주시는 하나님 앞에 감사하며 샬롬(평강)의 나
라인 천국에 대한 소망과 함께 가족과 성도와 이웃을 위하여 축복하며
기도합시다.